张幼仪

人生从来都是靠自己成全

李　婍◎著

中国文联出版社
http://www.clapnet.cn

图书在版编目(CIP)数据

张幼仪:人生从来都靠自己成全／李婍著. ——北京:中国文联出版社,2023.8
ISBN 978-7-5190-5145-7

Ⅰ.①张… Ⅱ.①李… Ⅲ.①张幼仪(1900-1988)-生平事迹 Ⅳ.①K828.5

中国国家版本馆 CIP 数据核字(2023)第 052642 号

著　　者　李　婍
责任编辑　苏　晶
责任校对　风　劲
装帧设计　杨晓康

出版发行　中国文联出版社有限公司
社　　址　北京市朝阳区农展馆南里 10 号　　邮编 100125
电　　话　010-85923025(发行部)　　010-85923091(总编室)
经　　销　全国新华书店等
印　　刷　北京昌联印刷有限公司

开　　本　880 毫米 x1230 毫米　1/32
印　　张　9.25
字　　数　177 千字
版　　次　2023 年 8 月第 1 版第 1 次印刷
定　　价　46.00 元

转身却开出更艳丽的花（代序）

李 婍

依然是女人，依然是爱情。

不同的是，这个二十世纪的民国女子，当她自认为的美好爱情和人生变得千疮百孔的时候，她没有把这匹曾经华丽的绸缎做成旗袍披挂在身上，以凄美颓废的姿态展示自己的怨妇风采，博得几缕同情的眼神。而是毅然决然扭转身段，由一个小鸟依人的温婉弱女子，迅速成长为风光自由、实现自我的女强人。

在人生舞台上，她华丽转身，靠自己的双手和智慧赢得了圆满。

于是，当把张幼仪这个名字和徐志摩、林徽因、陆小曼放到一起的时候，她一点儿都不输于那些与她人生紧密关联的民国名流。

她是徐志摩的前妻，因了她的隐忍大度和责任感，那个风流才子明晃晃的光环骤然暗淡了几分。

她的情敌，是林徽因、陆小曼这些集才情与美貌于一体的绝代佳人，她安静典雅的端庄和善解人意的理性，让这些开放在时光深处的倾世女人花黯然失色。

早年间，在强大的男性文化下，她把自己的爱情和幸福全部系在那个名叫徐志摩的男人身上，她以为这个男人便是她的全部。在遥远的异国他乡，当她突然发现徐志摩其实已经爱上了另外一个女人，并提出离婚的时候，已经怀孕的她，孤苦伶仃的她，竟然没多久就被遗弃在了偏远的英国沙士顿小镇。

一场失败的婚恋便能毁掉一个女子的一生。毁灭，还是靠着自己勇敢地站起来？她选择了后者。她没有与那个一直视自己为"土包子"的男人纠缠不休。既然不能执手相伴一生，那就各自走好自己的路。她也没有和那些不断粉墨登场的娇媚情敌们过招——每个女人都有自己的命，命中注定他不属于谁，争过去也未必是好。

她收起不堪风月的病态，她不甘就这样在美好的花季枯萎。残酷的现实让她明白，是花，就要努力绽放，为任何男人过早凋零都不值得。她擦干眼泪，默默缝补好破碎的心，以一朵铿锵玫瑰的姿态开始了自己艰难的留学生涯。再归国时，她已经从初去时的"乡下土包子"蜕变为秀雅恬静的女留学生。

当徐志摩正忙于与民国女神林徽因热恋、失恋，忙于与民国交际花陆小曼展开浪漫的婚外情的时候，她倾力开始了自己的创业：她是东吴大学的女德语教师，她是云裳服装公司的总经理，她是上海女子商业银行副总裁，她还是国家社会党的财务总管。一个曾经被爱情抛弃的小女子，憋着一口气把自己打造成了民国女强人。

她亲手安葬因飞机失事而早逝的前夫，悉心培养儿子，抚养徐志摩的双亲，无怨无悔。

她有传统女子的温柔贤惠与温婉善良，也有职场女子的沉稳大气与干练豁达。

多年之后，回望如烟往事，她淡然浅笑："我要为离婚感谢徐志摩，若不是离婚，我可能永远都没有办法找到我自己，也没有办法成长。"

多年之后，忆起前夫，忆起那个名满天下的浪漫才子时，她平静地说："每个人总是告诉我，我为徐志摩做了这么多事，我一定是爱他的。可是，我没办法说什么叫爱，我这辈子从没跟什么人说过'我爱你'。如果照顾徐志摩和他家人叫作爱的话，那我大概爱他吧。在他一生当中遇到的几个女人里面，说不定我最爱他。"

目　录

1

嫁给一首风花雪月的诗

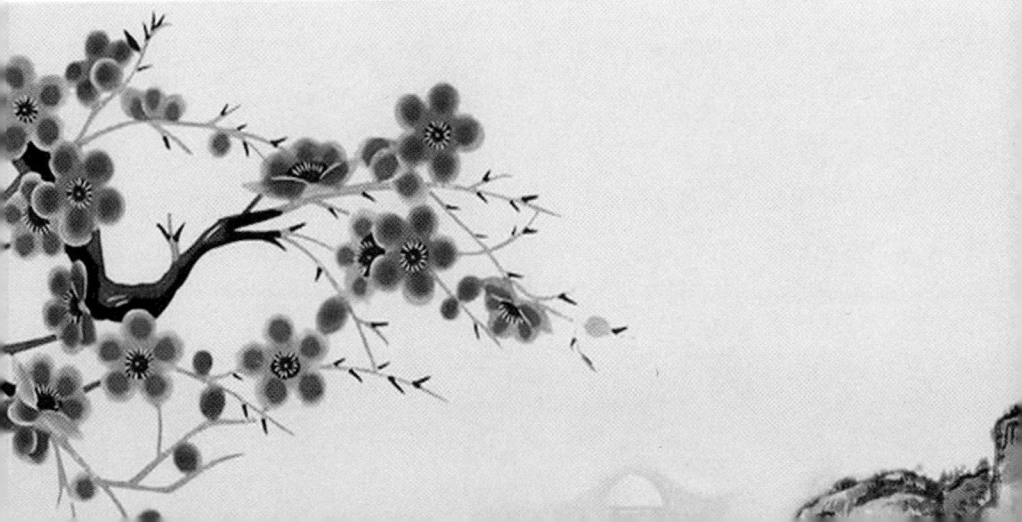

红尘姻缘一线牵

穿越百年时空，回到 1913 年的那个严冬日。

江南的烟雨夹杂着细碎的雪花安静而洒脱，不紧不慢下了半日，终于停下来。

张幼仪前一天刚从苏州第二女子师范学校放寒假回到嘉定南翔的家中。进家门之前便下起冷冷的雨来，半夜变成了雨夹雪。现在雨雪停了，她起身去外面池塘边看残荷。

和她一同上学回来的姐姐翘着一双小脚，盖着一床缎面绣花被，慵懒地半倚在雕花床上，问她："去哪儿?"

她停下脚步对姐姐说："去看池塘里的残荷，你去不去?"

姐姐摇摇头，斜眼看了一眼张幼仪的一双大脚，语气中带着浓浓的懒意和睡意："我这三寸金莲，怕在雪地里滑倒，再说隔着窗子就能看到外面的景色，还用出去吗？"

张幼仪独自走出屋门，穿过走廊，走向池塘边。

其实，姐姐说得很对，她们不用出屋就能看到残荷。她们住的房子就是池塘中央一座船型的小木屋，这小木屋立在几根脚柱上。在闺房内，推开木质花格小窗，就能欣赏小桥流水的美丽江南水乡风韵。

江南的雪很少见，而且雪是留不住的，边下边融化，现在外面一点雪的痕迹都没有了。雨雪过后，天气越发地清冷，顺着连接池塘岸边的船屋踏板走上岸，地面铺的青砖湿漉漉的，并不滑，湿润的雨雪给古镇披上无限温情的淡烟色，空气中悬浮着一股潮湿的气息，似有淡淡的花香飘来，却寻不到香气的来源，是莲花香吗？莲花早凋谢了，只剩下满池塘的残荷，像是一首夏日遗留下的诗，静静沐浴在寒风中，风姿绰约，随风摇曳。

这残荷其实很美，她兴致正浓，一个用人从前院穿过天井走过来，轻声唤她："二小姐，老爷太太有请。"

她答应一声，从学校回到家还没来得及认真向父母汇报一个学期的学习情况，是该去禀报一下了。她想，如果去，应当叫上姐姐才是，她们在同一所学校上学。

她准备回屋里喊姐姐的时候，用人说："老爷太太说了，只叫二小姐一个人去。"

张幼仪有些疑惑，但还是随着用人来到前庭父母的房间。

父亲张祖泽和母亲正在中厅喝下午茶，厅堂里弥漫着温馨的茶香。看张幼仪走进来，作为父亲的他，那一张窄窄的瘦脸依然写满严肃。他是当地一个有名的医生，无论什么时候，似乎永远都是一副肃然的表情。

母亲从手边托起一只小小的银盒子，递给张幼仪。

她接过来，不知道这银盒子里面盛放的是什么，母亲为什么要把这个交给自己。

母亲柔声说："打开看看。"

她便打开了，以为是给她买的首饰，里面却只有一张照片。她拾起那张照片，便看到一个头大大的，下巴尖尖的，戴着金丝边眼镜的少年。

这人是谁？很陌生，却又似乎在哪里见过。

她清纯的双眸与照片上的男子对视着，听到母亲在说："你看看照片上这个人你能相中不？"

她立即明白照片上的男子是什么人了，原来这是给她寻的未婚夫啊。她刚刚十三岁，还从来没想过找婆家的事，事情来得这样突然，让她觉得措手不及。她的脸上烧过一片红云，她慌乱地抬起头，看到母亲期待的目光，还有父亲的目光透过热茶的白雾也很有穿透性地直射过来，张幼仪不由得心中一惊。

父亲终于说话了，他的语气有些意味深长："这是你四哥从浙江那边帮你相中的。"

四哥张嘉璈当时是浙江都督朱瑞的秘书，张嘉璈作为都督秘书，还是很有实权的，张祖泽之所以肯把女儿的终身大事交由儿子办理，是对儿子的器重。在张幼仪的心目中，二哥和四哥都是她最信赖的人，一听说是四哥帮她看中的未婚夫，她原有的那点儿顾虑便全部打消了。

张幼仪悄悄关上盒子，把它重新递给母亲，转向父亲，低声说："我没意见。"

她其实还是一个情窦未开的少女，还不懂恋爱结婚的事。但她知道，既然父母和兄长们已经决定的事情，她反对也没有用。她相信他们不会害自己，一定会帮她找一个好男人。

照片上这个男人，确切地说是个男孩，姓甚名谁她都不知道，也许父母说了一句，可她脑子里空空的乱乱的，根本没听进去。足足有半个假期的时间，她都在纠结，这个男子是谁，是谁。

姐姐听说了家里为张幼仪找婆家的事，便讪笑："呵呵，你快要做小新娘子了。"

"才不要呢，我不要出嫁，我要上学。"她红着脸辩解。

"上学有什么好，我就不想上学，你若不嫁，我可嫁了啊。"姐姐这话一半是玩笑，一半是认真的。她比张幼仪大四岁，也就是说，她已经十七岁了，十七岁的她还待字闺中。父母之所以抛开她这个到了出嫁年龄的大女儿，先给二女儿找婆家，是因为三年前母亲找了一个相命婆来家里给大女儿算命，相命婆拿着大小姐的生辰八字左算右算，算出的结果是，大小姐要到二十五岁才能出嫁，如果出阁早了，会克夫，丈夫早早就会死去。

这相命婆的鬼话大小姐并不相信，所以，听到她二十五岁才能出阁这个结论的时候，她一脸不快。可她有什么办法呢？只能任凭泪水无法控制地从面颊流下来；她无力辩驳，只能红着眼睛回到闺房。张幼仪不知道谁招惹了大姐，哄了她半天也没哄出一丝笑容。

一个到了出嫁的年岁想出嫁可命里不允，一个不想出嫁想多读几年书可家里不许。那个假期，姐妹两个都有些郁闷。

就在父母让张幼仪看过那张照片的一段日子过后，给大姐算命的那位相命婆又迈着三寸金莲来到张府，这次，她是替二小姐算姻缘的。

母亲递上张幼仪和照片上那男子的生辰八字。张幼仪这一次才正式听明白了，那个男子的名字叫徐章垿，比自己大四岁，和姐姐年龄差不多一般大。如果不是前面给姐姐算的那个命，这一次要订婚出嫁的便应当是姐姐了。

相命婆很从容地先喝了一杯热茶，天气严寒，她要暖暖身子让自己安静下来。

母亲心里焦急，但脸上一点儿也看不出来——这是混了大半辈子修炼出的性情。十三岁少女张幼仪可没有母亲那样的修行，她的忐忑是写在脸上的，尽管天很冷，她高高的鼻梁上还是沁出一层细密的汗珠，她急切地想知道：自己和那个叫徐志摩的男人命里是不是般配。

相命婆煞有介事地掐算良久，轻叹一声，这一声叹息，惊得张幼仪和母亲都出了身冷汗。

相命婆眼睛盯着她的相命图，自言自语："这是户好人家。"

母亲连忙问："两个孩子命相合不合？"

相命婆说："男子属猴，猴子虽然是佛教崇奉的动物，但是有狡猾的本性；二小姐属鼠，老鼠象征勤劳富足，但是有胆小吝啬的表现，这两个属相不能相配，如果配在一起，过不了日子。如果二小姐属狗就好了，狗是忠诚的象征。"

"可是，我的两个女儿都不属狗，再说大女儿按照命相要到二十五岁才能结婚，二女儿又和男方命相不合，这可如何是好？"母亲面有难色，这一次，她是决计要把两个女儿中的一个尽快嫁出去的，她舍不下这个好人家。

十三岁的张幼仪依照自己的人生经验，还听不太懂关于命相之类的话，她懵懵懂懂地坐在那儿，感觉到了气氛的不对，依稀觉得自己和照片上那个人的婚事出现了一些问题。其实她并不十分在意是不是能嫁给那个人，她还想继续上学，并不想急着嫁人。

相命婆沉思片刻，对母亲说："应当把二小姐的属相改成属狗。"

母亲不解："那怎么改？"

相命婆说："就是把二小姐的出生年份改成 1898 年，那就属狗了。"

母亲默认了，于是，张幼仪的生肖从鼠改成了狗，这样一来，徐志摩和张幼仪的婚事就变成了天作之合。

张幼仪改过之后的生肖八字帖子不久后就递到了浙江的徐府。自然，他们的八字也被那边的相命先生合上了。于是徐家认可了这门亲事，随后便把一对象征坚贞不渝的鸳鸯遣人送到张幼仪家——这门婚事也就初步敲定了。

事已至此，最高兴的不是张幼仪，不是她的父母，也不是徐章垿和他的家人，而是张幼仪的四哥，张家四公子张嘉璈。他和二哥自日本留学回来后，就一直关注着妹妹们的婚事，特别是他们最心疼的二妹。

张嘉璈任浙江都督朱瑞的秘书，因公务在身，所以与外界交往的机会不是很多，不过视察本省的学校是他的公务，倒是经常能由此接触到教育界的人士。寒冬时节，他奉命到杭州府中学视察，不经意间，发现一个小男生的作文写得很有个性，那篇作文的题目是《论小说与社会之关系》，一个中学生，选这样一个作文题本身就显示了他的与众不同；更令人叹服的是，他的文笔优雅，文白交杂，颇有梁启超文风；另外，这个学生的字写得也很不错，洒脱俊逸，颇有神韵。

张嘉璈忍不住问陪他的校董："这是谁写的?"

校董看出这位政府要员的眉宇间表现出对这位学生的作文的欣赏，觉得这是为学校争光的大好事，马上让身边负责教学的校方人士为张嘉璈解答。

张嘉璈了解到，写这篇文章的是一个名叫徐章垿的男生。那时候徐志摩还叫徐章垿，徐志摩是 1918 年他离家去美国的时候，他父亲替他改的名字。这个男生是海宁人，1897 年出生，徐家世代经商，他的父亲徐申如独资经营徐裕丰酱园，还和人合股创办了海宁硖石第一家钱庄——裕通钱庄，是硖石数一数二的有钱人，徐志摩是这家的独生子。

嗯，合适，如果选这个男生给二妹做丈夫，还是很合适的，张嘉璈便动了这份私心。

只是看了文章，看了字迹，知道了这个男生的家庭情况，但并不知道他长得怎么样，万一长得歪瓜裂枣的怎么办？本着对妹妹负责的态度，他让校方找到了一张徐志摩学生档案中的照片，照片中这个男孩清瘦俊秀的脸上戴着一副圆边近视镜，显得文质彬彬很儒雅。张嘉璈当即就在心中拍了板，就是他了！

后来，张幼仪回忆说："四哥替我物色丈夫的方法很普通，我们不必知道徐志摩的身高，或是他家有二十个还是一百个用人，只需要晓得他家的声望，他的教育程度，还有他的性情，这三件事必须要调查，要知道的就是这些。"

至于这个男生是不是已经订下亲事，就不去管它了，张嘉璈当晚就用官府的信笺写了封信给徐家，开宗明义，说我家有个小妹，闺中待嫁，想提个亲，嫁给你家少爷，不知你家意下如何？信的末尾署上自己的姓名张嘉璈。

这封求亲的信寄到徐志摩的父亲徐申如手上。一看是都督府的信封，信笺也是都督府特制的，徐申如就多了几分敬畏之心。读了信才知道，居然是都督朱瑞的秘书张嘉璈替自家的亲妹妹求婚的！张嘉璈的声望人们都知道，这是一位很有前途的青年才俊。另外，他二哥张嘉森几年前经殿试被授予翰林院庶吉士，据说目前正在德国柏林读政治学博士。这个家族同时还是书香门第，能攀上这样的亲戚真是求之不得呢。徐申如立即回了封短笺："我徐申如有幸以张嘉璈之妹为媳。"

人家既然已经同意了，而且已经把少爷徐志摩的照片拿过来了，自然也应当把二妹的照片送一张让人家看看。于是，张嘉璈便让张家选了一张张幼仪的小照送到徐府。

徐申如看着这女孩的照片，还是很满意的，照片上的女孩子端庄清秀，一看就是很贤良的好女子。当然这照片必须要拿给儿子徐志摩看的。徐志摩大抵也是在刚放寒假的时候看到张幼仪的照片的。可当他看到这照片之后，竟立即蹙起眉头，嘴角往下一撇，非常反感地咕哝了一句：乡下土包子。

以徐志摩的眼光，并没有看上这个名叫张幼仪的女孩子，不管父母说得怎样天花乱坠，他内心深处就是不欣赏她，嫌弃她，他喜欢的女孩子不是这样的，是杭州洋学堂里那种俊秀纯美、冰雪聪明的女学生。

母亲说："张家的这位二小姐张幼仪也在学堂里上学，而且是在苏州上学。听说她没有缠过脚，是一双大脚。"之所以强调一双大脚，是因为她知道儿子不喜欢小脚女孩。

大脚又怎么样？大脚的丑女子不也照样是丑吗。

虽然一百个不高兴，一百个不满意，徐志摩却不敢提出来。在家里，一切都是父亲说了算，他的婚事他自己是不能做主的。

对于张幼仪来说，更没有任何反抗的余地，她曾对她的侄孙女张邦梅说："在中国，女人家是一文不值的。她出生以后，得听父亲的话；结婚以后，得服从丈夫；守寡以后，又得顺着儿子。你瞧，女人就是不值钱。"

这桩婚事就这样敲定了。结婚日定在了一年半以后，也就是1915年的下半年。徐家人说，那个时候，徐章垿就中学毕业了。

张幼仪最初听到这个消息的时候也很满意，因为一年半之后她也从师范毕业了，这样就有希望拿到小学师资证书，她就可以当小学教师了。但是，母亲说，寒假过后她不能再去上学了，要马上退学在家准备婚礼。

结婚之前一年半就准备婚礼，是不是太夸张了？张幼仪不同意，她寄希望于准婆家徐家，她以为这个家庭这么在意儿子的教育问题，对她这个准儿媳的学历也应当很在意，或许他们会反对自己提前退学。

没想到人家徐家根本就不管她是不是上学的事，人家娶的是儿媳妇，不是女学问家。

母亲也说："女孩子家读不读书无所谓，长大了又不是为了读书，就是为了结婚，现在婆家都订好了，你留在家里准备嫁妆就是了。"

张幼仪真的不想离开学校，从拿到徐家送过来的聘礼的那天起，她就软磨硬泡，到离开学还有三两天时间的时候，父母这才勉强答应了。

他们之所以答应让张幼仪继续上学，并不是因为他们真的认为她应当有更大学问，而是为了让她陪伴大女儿再多在学校消磨一年时光。

本来大小姐上学的时候就不太心甘情愿，她是为了陪伴二妹才进了学堂读书，如今二妹要退学回家待嫁，她才不愿意一个人到遥远的苏州读书呢，读书多累啊，哪有在家里闲待着好玩。但是，按照相命婆给她算命的结果，她要等到二十五岁才能出嫁，离她出嫁还有漫长的年头呢，父母怕她在家闲出毛病来，就决计让张幼仪陪着姐姐在学校再混一年。

那一年真是混下来的，听说张幼仪已经订了亲马上要嫁人了，原本对她要求严格的老师就放松了对她的要求。老师觉得：反正这个女生要出嫁了，她上学不过就是为了镀镀金，并不是为了多学知识，这样的学生犯不着跟她较真儿。因为这所学校的女生们都是这种情况，从办学开始，还没有哪个订婚之后返校完成学业去当老师的，她们读书识字的目的，就是为了嫁个更好的男人。

张幼仪想告诉老师，她真的是想好好上学，可是，没有谁会相信她的话。

她不美也不丑只是刚刚好

张幼仪算不上是个很美的女孩，但是长得也不丑。

按照当年与张幼仪熟识的人的眼光来看，张幼仪的容颜"谈不上好看，也谈不上难看。嘴唇比较厚，生得黑"，但是，身材似乎还可以。还有人说"其人线条甚美，雅爱淡妆"。总体来说，她不是一个倾国倾城的美女，不过，看她留下的照片，很端庄，按照当下的审美观，恰是一个不美也不丑只是刚刚好的可人女子。

张幼仪出生之前，她的家庭就已经是江苏宝山县的巨富，祖辈在陕西省眉县生活，不知从哪代起迁居到了江西，后来又从江西迁至宝山真如镇，祖上靠经营盐业起家。到了张幼仪的曾祖父这一辈，改了行业，不再贩盐了，改行行医，因为医术精湛而且乐善好施，成为当地有名的医生。祖父喜欢读书，考中了举人，曾经在清朝末年到四川任县当过知县，积累下了一些财富。到了她父亲这一辈，继承曾祖父的事业，继续以行医为业，家底越来越殷实。

张家是一个传统大家庭，奉行中国传统的大家庭聚居模式，也就是几代人住在一起不分家，数世同堂，一个家庭中祖孙几代人在一个大院子里一起生活，显得人丁兴旺，家庭团结和睦。

张家的那个大院在寺前街道东面的北大街处，那是一座临近镇中心的大四合院，这所宅院有个名号叫"式训堂"。前院有一个硕大的开了八扇桃花心木门的前厅和存放着两顶轿子的房间，张幼仪的祖母和三个儿子都住在后院。

这户人家虽然在外面看上去是聚在一起的三世同堂，但每个小家庭又自成单元，各自起火做饭，各家过各家的小日子，各家有各家的用人。

1900 年 12 月 29 日寅时，张幼仪就出生在这个大宅院中，那一日，离新年还有两天时间。新生婴儿的高声啼哭撕开冬季黎明前那封闭的死沉沉的黑暗，张家大院各个房间的灯火纷纷点亮了，各房的女人们从热乎乎的被窝里爬起来，披上衣服奔向张幼仪母亲的房间，前去探望产妇和婴儿。

其实，究竟是生了个男孩还是个女孩，大家并不是十分在乎，因为在这个孩子之前，张祖泽的妻子已经生了六个儿子和一个女儿，这一个若是儿子更好，张家喜欢人丁兴旺，儿子当然多多益善，若是女儿也不错，他们刚刚有一个四岁的大女儿，再来一个女儿那就正好和姐姐做伴。

听说这一胎是个千金，大家都附和着说，生个小姐好啊，六男两女，好有福气。

只是，生了女孩子，孩子脐带的处理方式和男孩子有所不同。按照当地的风俗，生了男孩子，接生婆就把脐带收起来，放进产妇床下面的一个坛子里；如果生了女孩，脐带就必须埋在屋子外面，女孩子不算自家人，没必要在自家留一个外人的脐带。也就是说，从出生那一刻起，这个女孩子就已经被算作外人了。

张幼仪从小就知道自己和哥哥弟弟们不一样。她母亲一共生了十二个孩子，八个男孩四个女孩。可是在祖母心目中，女孩子是不算数的，对外人说起来，总说我们张家有八个孩子，也就是说，只有男孩子才算是张家的孩子。

虽然女孩子长大了要出嫁，族谱上没有她们的名字，但是，行走在世间，出生后总要给她们取一个名字的。多年前张祖泽刚刚结婚的时候，曾经为他的子孙选了"嘉国邦明"这四个字排辈起名用，这几个字的本意是"由家至国再及于人民"。按照这个顺序，他的儿女辈名字都有一个"嘉"字，孙子辈都有一个"国"字，重孙辈都有一个"邦"字……张幼仪应当属"嘉"字辈，于是，便给她取了一个名字张嘉玢，小名张幼仪。

"玢"是个读音复杂的古老文字，玢是一种玉，当它作为玉器的名称的时候，读 bīn 音，这个字还有一个读音便是 fēn，意思是"把一件完整的玉器剖开，分成两半"。虽然张祖泽给女儿起名字的时候，用的是美玉的那层意思，但是，张幼仪长大后的爱情婚姻却与名字的后一个意思不谋而合，这是天意吗？

但是，张幼仪一生中，外表给人们的感觉，却如同她的小名中的两个字："幼"字有善良的意思，"仪"则表示一个人外表和容貌端庄。她也的确是性情和善，容颜和行为都很端庄，用了解她的人的一句话来说，就是"沉默寡言，举止端庄，秀外慧中，亲故多乐于亲近之"。

虽然张家不重视女孩，但作为张家的小姐，张幼仪从小过的依然是幸福快乐的生活。她记忆中最让她痛苦的一件事也就是三岁那年的缠足。

在古老的中国，女孩子缠足是一件既痛苦又无奈的事情。据传，五代十国时期，南唐李后主宠爱的宫女窅娘就是小脚，把一双小脚缠裹成纤小的新月状，跳起金莲舞来风摆杨柳舞姿翩翩。宫里的时尚很快传到民间，于是民间也以此为美。女人们把自己的脚用布帛缠裹起来，裹脚的年龄越小，长成之后越娇小玲珑。到后来，又小又尖的三寸金莲成为标准美，许多家庭从女孩子三四岁的时候起就开始给她们裹脚。

女孩子三四岁便把娇嫩的脚丫用特制的布带子缠起来，每天就那么死死缠裹着，直到生生地把骨骼扭曲成那种可怜的畸形，想想都是件很可怕的事情。明知这是件痛苦的事，但不得不去做，不缠足的女孩子，特别是大家闺秀，是嫁不出去的。整个社会已经认同了以三寸金莲为美，一个有名望的家族出身的小姐，留着一双天足，是会被人耻笑的。

张幼仪的姐姐早在三四岁的时候，就已经开始裹脚了，那是个比张幼仪娇气得多的女孩子，不过，姐姐很认同不裹脚嫁不出去的道理，乖乖地配合母亲把自己的小脚丫打造成三寸金莲。

一眨眼张幼仪也三岁了，到了该缠足的年岁了。

　　已经是腊月二十三了，这一天，是中国传统意义上的小年，有的地方叫灶神节。按照民间传说，玉皇大帝为了监督每一个家庭的基本情况，专门给每家派去一名督察员，这便是灶王爷。每年的腊月二十三，派驻每家的灶王爷都要上天向玉皇大帝述职，汇报他进驻的这一家人的善恶情况，然后玉皇大帝根据这家人一年的表现，决定奖惩。

　　既然灶王爷这张嘴对每个家庭都这样重要，到了灶神节这天，每家便使出各种解数贿赂灶王爷，比如北方用黏稠的糖瓜贿赂他，南方则换成黏糊糊的汤圆。这些糖瓜和汤圆一方面是为了粘灶王爷的嘴，让他不能张嘴乱说一气；另一方面为的是让他嘴甜，报喜不报忧。当然，贴在墙上的那张被一年的烟火熏得黢黑的灶王爷，根本吃不掉那些糖瓜和汤圆，最后还是进了人们的肚子。

　　张幼仪三岁那年的灶神节，就吃了好几个红豆沙馅的白白软软的汤圆，奶奶让奶妈喂她吃下这些热气腾腾的汤圆的时候，眼睛笑得弯弯的，嘴里念念有词地说："乖囡多吃些哦，这些软软的汤圆，有助于把你的小筋骨变软。"

　　张幼仪听不懂奶奶的话，依照她三岁的思维，她觉得自己的小胳膊小腿都已经够柔软了，跟吃这些汤圆没什么关系。

　　吃完汤圆后的第二天一大早，刚吃过早饭，母亲和奶奶就端着一个冒着热气的水盆，拿着一卷白色的棉布条，来到张幼仪的房间，妈妈把她抱上床，告诉她："从今天开始，你要裹脚了。"

　　这件事来得很突然，张幼仪还没搞懂缠足是什么意思，只是觉得这大约是件很好玩的事情，因为妈妈的脚是三寸金莲，姐姐的脚也是三寸金莲。奶奶是个例外，因为她是继室，不是大户人家出身，穷人家的女儿还要靠力气吃饭，许多女子是不缠足的。但是，奶奶特别羡慕那些有三寸金莲的女人，为了弥补自己的遗憾，她要把自己的孙女们都打造成绝美的小脚美女。

　　一双小脚丫泡进温热的水中的时候，张幼仪很高兴，这大冷的天，热水泡脚的惬意让她每个汗毛孔都透着快乐。泡完脚之后，脚变柔软了，就开始了下一个程序，用湿布条把脚紧紧包裹起来——不是一般意义上的包裹，而是要把脚折成粽子的形状，除了大拇指，其他脚趾头都要折向脚心。张幼仪觉得，自己的两只脚顿时好像缩成了小虫一样，没办法呼吸。

　　不仅仅是痛，她还感觉到很恐惧。化解疼痛和恐惧的唯一办法便是哭着尖叫，她扯着嗓子尖声叫喊，她觉得只要叫声一停下来，自己就会立即窒息，只有听到自己的尖叫，她才能确认自己还活着。

　　尖叫声让奶奶的耳朵很不舒服，她半是安慰半是责怪："你这小丫头就知道哭，裹脚多好啊，穷人家的女孩都想缠脚呢。"她这大抵就是现身说法。张幼仪才不管她那套呢，依旧是哭闹。

　　母亲虽然心疼，却不敢放弃，一旦放弃，再缠脚就不容易了。她必须想办法分散女儿的注意力。离过年还有屈指可数的几天时间，过年的准备工作正在热火朝天进行中，家里很多事情要做，要彻底打扫室内室外，还要准备年节吃的东西，她也没有空闲总陪在女儿身边。于是，她找了把小椅子放到厨房，让张幼仪坐在小椅子上看厨师做饭。

缠着脚坐在椅子上一动都不能动，一时半会儿还好，时间长了这个小姑娘依然会被疼痛和不适折磨得很难受，她的尖叫声，伴着厨师的剁肉声，以及外面的鞭炮的爆炸声，响彻在张家大院里，这声音令人烦躁。

三天了，张幼仪一直在这样的煎熬中度过，一开始还有人过来安慰她，后来一家人便见怪不怪了，哪个女孩子裹脚不得经受这样的痛，一般女孩子哭喊两天就认了。

偏偏张幼仪就是不认。第四天了，她还是一如既往地大声尖叫，嗓子都喊哑了。这尖叫声让即将到来的除夕少了许多快乐气氛。

率先忍受不了她的尖叫的是二哥张嘉森，他不愿看着小妹忍受这样的痛苦，就让母亲把布条揭下来。

母亲说："我这会儿软了心肠等于害她，等她长大了谁娶这个大脚婆？"

二哥说："没人娶我照顾她，现在都什么时代了，谁还会觉得缠脚好看？"

于是，在除夕的前一天，张幼仪的脚被松绑了，她一瘸一拐的，却又可以满世界跑着玩耍了。

　　她的缠脚宣布失败，于是她成为张家姐妹中第一个天足女孩。即使这样，出嫁后，在丈夫徐志摩眼中，她也是缠过脚的女子，这也成为他耻笑她的一个理由。

　　有着一双天足的张幼仪健康茁壮地成长着，与三寸金莲的姐姐相比，她多了些野性，整天像个村姑似的在前院后院穿梭奔走，帮着母亲带刚出生的小四妹。

　　像哥哥弟弟们一样留着一双大脚的张幼仪，也想如家里的男孩子一样进学堂。

　　十二岁之前，她读过一点儿书，这点儿功课基本上是通过蹭课学来的。家里请来的教书先生只给男孩子上课，女孩子能偶尔偷偷蹭课就不错了。她只读了些儒家经典里《孝经》《小学》等给儿童读的入门书。她很喜欢坐在书桌前摇头晃脑朗诵课文的感觉，弟弟们上课的时候就这样高声朗诵。可她是女孩子，不可以那样，所以她只能默默地抄书，默默地读，默默地念。

　　二哥和四哥都是有学问的人，他们去了日本留学，分别于1910年、1909年学成归来后，都很有出息。特别是四哥，回国后谋得的第一件差事就是在邮传部工作，薪水很高。因为从老家宝山真如镇祖屋中搬到嘉定南翔，张祖泽一家的生活有段时间过得有些拮据，四儿子归国工作后，张家立即又恢复了当年的富足。

　　知识不但能改变自己的命运，也能改变一个家庭的命运。张幼仪看懂了。

张幼仪已经十二岁了。那一年，母亲生下第四个女儿，因为产后身体虚弱，照顾小妹妹的责任便落到了她这个二姐身上。这项工作本来应该交由大姐来做，但是，大姐的小脚行动不便；而且，她的嘴巴比张幼仪甜，知道怎样讨母亲高兴；最重要的是，她每天都很忙，忙着搓麻将。

张幼仪对看管妹妹这件事没什么怨言，不过她心里一直想着上学的事。

家中有父亲订阅的上海《申报》，有一天，她从这份报纸上看到了一则苏州省立第二女子师范学校招生的广告。这所学校教的是新式西洋学科，一学期只收五元钱的学费，这里面包括食宿费、书本费、零用钱，还有假日往返苏州的火车票钱。这样低廉的学费，她觉得父亲应当付得起，于是就壮着胆子去找母亲，让她替自己说服父亲。

这低廉的学费，让母亲也动了让女儿上学的心思。只是，不知道这所学校的学生服有没有领子？母亲之所以最关心的是这件事，是因为邻居家的女孩在上海上学，她们的学生服没有领子，母亲因此经常扁着嘴说："这样把脖子露出来是不可饶恕的。"在她的观念中，女孩子必须把脖子捂得严严实实才是。如果苏州这所学校的学生服没有领子，那她是断然不许女儿到那里去上学的。

父亲倒是不在乎学生服的领子问题，他最在乎的还是学费。其实他们家并不缺那几个钱，但是，这钱如果花在将来要成为别家人的女儿身上，那就亏大发了。面对这学费低廉的招生广告，他迅速在心中进行了一下估算，竟发现，如果让女儿去上学，那就比让她在家里待着还要省钱！正好张幼仪动员好了大姐，和她一起去苏州上学，这样，一下子就省了两个女儿在家的生活费。他思考了一下，表示同意让女儿去上学。

上学时需要入学考试的。张幼仪和姐姐都对自己没什么信心，所以动员了两个正在学校上学的堂姐，用了自己的名字让她们帮自己替考，而她们则用堂姐们的名字也参加了考试，为的是试试自己跟着家庭教师蹭课所学达到的水平究竟怎样。意想不到的是，她们居然都考过了。

从来没有出过远门的一对姐妹在母亲没完没了的叮嘱下，就这样踏上了去外地求学之路。

在这所学校，张幼仪是班级里年龄最小的学生，而且她还是老师们眼中的好学生。

那些姐姐级的同学、校友基本上都缠着三寸金莲，别说上体育课，仅是从宿舍走到食堂，走到教室，她们都嫌路途远累得难受。其实校园不大，只有三座建筑，一座教学楼，一座宿舍楼，另一座是食堂。可就是这样一座小小的校园，裹小脚的学姐们每天都抱怨学校太大了。而张幼仪却总能甩开脚步，把迈着细碎步子行走的她们远远落在后面。

学姐们上课大多数都不认真，包括张幼仪的姐姐——她们到这里就是来镀金，就是来打发嫁人前那段寂寞时光的。可张幼仪却是真的想学知识。也难怪老师们对这个勤奋好学的学生要求更高一些。姐姐被提问的时候，漫不经心胡乱回答出的那些问题，总被老师报之一笑。张幼仪如果在提问的时候回答错了，便会遭到一番训斥，因为老师觉得她和姐姐不一样，她是老师寄予希望的好学生。

在校园里，她的容貌长得并不出众，但是，她在学业上勤奋刻苦，而且青春有朝气，所以老师们喜欢她，学姐们也喜欢她。

一年之后她订了婚，老师们对她就也和对待她姐姐一样了。按照他们以往的经验，订了婚的学生离结婚就不远了，一个马上要嫁人的女子，她以后的任务就是窝在家里相夫教子了，学知识有什么用？更重要的是，她不会等到拿毕业证的那一天，就会退学。

张幼仪心里很不舒服，她愿意老师还像过去那样严格要求自己，她真的好想上学，好想拿到毕业证，她想做一个有知识的女子，不想那么快就嫁人。

闲来无事的时候，她也会想一想那个只见过一次照片的未婚夫，他究竟是个什么样的人呢？四哥说他很有学识很有文采，她喜欢有文化的男子，最重要的是，他戴着一副圆圆的眼镜，这眼镜让他更斯文更有文人气质。

她偷偷地想，什么时候能见一见那个人呢。

翩翩才子少年郎

徐志摩的家，在海宁县硖石镇。

　　徐家的祖先是有经商头脑的商人。明朝正德年间，徐家那位名叫徐松亭的先祖经商来到杭嘉湖平原，喜欢上这个境内有着东、西两山，两山夹一水名叫硖石的地方，他看好了这里的风水，于是举家搬迁到这里。徐家世世代代经商，到了徐志摩的父亲徐申如这一辈，他把徐家的事业发扬光大，不但独资经营徐裕丰酱园，还与人合股创办了硖石镇上的第一家钱庄，这家取名裕通的钱庄日进斗金！徐申如是位很有商业眼光的实业家，他没有就此停下脚步，而是又开办了丝厂、电灯厂。徐家的财富越积累越多，徐志摩出生的时候，这个家庭便已经成为硖石首富。

　　因为徐志摩的祖父徐星垣突然双目失明，二十挂零的徐申如便继承祖业，开始了经商生涯。他按照父母之命早早完婚，但是年轻的妻子没留下一儿半女就香消玉殒，于是父母又为他续娶了第二任妻子，就是徐志摩的母亲钱慕英。

　　光绪二十三年深冬，进了腊月，离春节越来越近，怀孕的钱慕英身子越来越重，婆婆已经为即将出生的婴儿准备好了衣服被褥之类的。腊月十三清晨，太阳刚刚从东山升起的时候，在徐申如夫妇居住的徐家祖宅第四进北厢楼，孩子出生了，是一家人都盼望的男孩。

　　二十五岁的徐申如喜得贵子。最高兴的是生活在黑暗中的祖父徐星垣，他就盼着徐家有一个继承人，现在终于如愿了。按照族谱名字排序，这个小生命有了一个名字叫徐章垿，字槱森，徐志摩是后来改的名字。

这个孩子长得头大，下巴长，那模样几乎就是父亲徐申如的翻版。这个男宝宝被全家人宠爱着，特别是祖母和母亲，对他几乎是溺爱。

按照民间风俗，孩子出生后都应该洗个澡。徐志摩出生在寒冬腊月，母亲怕儿子着了风寒，便免去了这个程序，一直到来年炎热的夏天，徐志摩才洗了生命中的第一次澡。即使是炎炎夏日，母亲也要把洗澡水烧得烫烫的，唯恐水凉，孩子洗完澡会感冒。那热得有些烫人的洗澡水，让徐志摩从小对洗澡心生恐惧，稍稍长大后，每次洗澡他都想方设法逃避，以致母亲得踮着小脚四处捉他。

徐家对这个孩子寄予厚望，他们绝对没有打算将来培养一个著名诗人，而是希望这个孩子长大后子承父业，成为一名靠谱的商人。孩子一周岁的时候，他们还专门请来了一个名叫志恢的和尚给他摸骨算命。人的骨相从小就形成了，面相可以改变，骨相是不变化的，摸骨算命的时候，算命师通过抚摩一个人的头骨、手骨和身体骨架，推测这个人一生的运势。

志恢和尚在徐家人期待的目光下，先摸了摸孩子的头骨。这个好动的孩子摆动着小脑袋有些不配合，志恢和尚脸上露出一丝温和的笑意，轻轻摸了一下孩子的小手，之后，意味深长地对屏住呼吸等待结果的徐家人说："此子将来必成大器。"

像志恢和尚这样的摸骨算命师每天走乡串户，他几乎对每一个被摸骨的孩子，都要说上一些吉祥话，有时候他公布的结果不过就是迎合人们心理的恭维话，谁不爱听好话啊。不知道这一次他是真的发现了什么玄机，还是顺情说好话，反正他的这个预测结果徐家人很高兴，他们以为这个孩子将来会把他们的家业发扬光大呢。

徐志摩的名字也是来于此。1918 年，他离开故乡到美国求学，临走前，父亲忆起当年志恢和尚为他摩顶的时候说过的那个预言，便把儿子的名字改成了徐志摩，大约觉得这样比较吉利，有助于儿子将来成大器。

也就是说，当初，他与张幼仪订婚的时候，还没有徐志摩这个名字，张幼仪嫁给的是一个名叫徐章垿的男子。后来，这个男子改了名字叫徐志摩。改了名字的这个男子离开故乡，离开父母妻儿之后，就成为了他们永远看不懂的诗人徐志摩。

徐志摩是一个聪明而活泼的小孩子，他从小就机灵好动，脑子非常灵光。因为他是徐家的长孙独子，一家人都宠着他让着他，在全家人的疼爱和娇宠下，徐志摩从小就显现出随和、放任的性格。徐申如怕这个孩子在一家人的溺爱中、在舒适优裕的生活中，变成不学无术的浪荡公子哥，决定趁早对他进行教育管束。于是，徐志摩四岁的时候，就被送进私塾，以期对他进行智力开发和启蒙教育。

徐家的宅院临街市而建，私塾离他家不远。即便是四岁的孩子，步行到私塾也用不了几分钟，再说他还有一个陪读的小伙伴，就是他的表兄沈叔薇。

沈叔薇是姑妈家的孩子，准确地说，是姑妈家的养子。徐志摩的姑父不姓沈，姓蒋，叫蒋谨旃，他们收养了沈家的孩子沈叔薇，沈家便和蒋家有了亲戚关系，所以，当时任浙江省咨议局副议长的沈钧儒也就成了徐志摩的表叔。

徐志摩和沈叔薇都是活泼好动的孩子，徐志摩虽然比沈叔薇年龄小，脑子却比他聪明。

私塾的教书先生名叫孙荫轩，是一个很古板的老式秀才，他上课领读的时候，是顾不上看下面的学生的，总是很投入地摇头晃脑拉着长调自我陶醉地高声诵读。先生这个样子让徐志摩觉得很可笑，这时候，他会趁先生不注意的时候做鬼脸，或者用小手指头捅他的同桌沈叔薇。孩子们往往都忍住笑随着先生诵读。实在忍不住有人扑哧笑出声时，先生便会停下来，用严厉的目光逡巡整个课堂。

孙先生手下有一个很精致的楠木戒尺，平时就安安静静躺在他手边，遇上有学生违反纪律或者完不成作业背不下课文时，那戒尺便会派上用场。

现在孙先生已经把戒尺操在手中，他一边啪啪地敲击着桌案，一边质问已经悄然无声的学生："谁在捣乱？"

同学们用眼睛的余光悄悄指向徐志摩。

对这个硖石镇首富的宝贝独生儿子，孙荫轩是不好上手就打的。倒不是因为这孩子在家多么金贵，谁家的孩子不是家里的宝贝疙瘩啊，主要是这孩子年龄还太小，刚四岁，那稚嫩的小手还打不得。另外，孩子的父亲徐申如是他的好朋友，把孩子托付给他，打坏了孩子没法跟朋友交待。再说这是个聪明伶俐讨人喜欢的孩子，他也下不去手。于是，孙先生让徐志摩背诵刚教过的那篇课文，警告他，如果背诵下来就不用戒尺打手心，如果背诵不下来，那就不客气了。

徐志摩居然学着孙先生那样摇头晃脑，背诵下来了。这让孙先生很是惊诧——这个小孩子，神童啊！

这个神童记忆力超强，老师教的课程通常他很快都能学会。于是，就比别的孩子有了更多的时间和精力淘气。

江南的私塾学堂，建筑风格很独特，颇有江南古建筑典雅质朴的神韵。徐志摩上的那所私塾学堂也不例外——那里有青色的方砖铺地，天井幽庭，石砌的金鱼潭中倒映着依依垂柳的倩影，只是那影像不时被游动的鱼儿搞乱，潭边还有花花草草和几个古朴的大缸，所有这一切，都在江南的烟雨中朦胧成一种古意的浅愁。徐志摩喜欢江南的烟雨，喜欢这一派古朴幽静的老江南味道，但是他不喜欢这里的夏天，特别是闷在私塾学堂中的炎热夏日。夏日午后闷热难耐的时候，他便盼望一场铺天盖地的雷阵雨，盼望雨后的那一丝清凉。

他的文学潜质在那个时候就已经开始萌动了，他观察事物的眼光和角度都和别人不同。硖石历史上没有出过大诗人，但是唐朝大诗人白居易任杭州刺史的时候，到这里来过几次，留下过一首诗《登西山望硖石湖》："菱歌清唱棹舟回，树里南湖似鉴开。平障烟浮低落日，出溪路细长新苔。居民地僻常无事，太守官闲好独来。犹忆长安论诗句，至今惆怅独书台。"这首诗被硖石人认定为是他们的骄傲，凡是上过几天私塾的硖石人，差不多都会背诵这首诗。徐志摩也是从私塾先生那里学会这首诗的，不知这是不是他爱上诗，爱上文学的最初渊源。

跟着孙荫轩上了一年多私塾，私塾换塾师了。新来的这位先生是澹远堂的查桐荪，本县袁花镇人。

查家是海宁的名门望族，连清代康熙皇帝都称这个家族是"唐宋以来巨族，江南有数人家。"查氏家族号称"一门十进士，兄弟三翰林"。徐志摩的表弟金庸也是这个家族的，他的名字是查良镛，和徐志摩的这位私塾先生查桐荪是同宗。不过，查桐荪给徐志摩当私塾先生的时候，金庸的母亲，徐志摩的堂姑妈徐禄，还没有嫁给敬业堂的查枢卿，她只比徐志摩大一岁，彼时还是个抱着布娃娃的小女孩。

这位新上任的私塾先生查桐荪，也继承了他们查家能读书会考试的文化传统，他古文功底深厚，医道也很高明，是位很有学问的贡生。

只是，书香门第出身的查先生，身上的味道实在不怎么香，他从来不讲究个人卫生。据说查先生刚出生时，也和徐志摩一样，因为母亲怕他着凉没给他洗澡，不过，徐志摩的母亲后来还是给儿子洗了澡，查先生的母亲不知道什么缘故一直没给他洗过。不知是不是传说，都说查先生活在世上的几十年，从来也没洗过一次澡。他不但不洗澡，也不洗头，不刷牙，洗脸也是一年难得有几回。

不洗澡不洗脸不刷牙的查先生，偏偏有抽烟的嗜好，于是，他就有了一口被烟油子熏得黢黑的牙，只要一张嘴，那味道，你就想去吧。

查先生很邋遢很脏，不过满肚子都是学问，大概怕一洗澡就把学问洗丢了。徐志摩跟着查先生学习的六年时间里，打下了深深的旧学基础。

十一岁那年，徐志摩私塾毕业了，他开始到硖石镇的第一所新式学堂——开智学堂上小学。这种新式学堂和私塾不一样，课程中不仅有国学，还有英文、数学、自然、修身、体育。不过徐志摩最喜欢的是国文课，因为他的国文老师张仲梧总是把他的作文当作范文在课堂上朗读。

徐志摩成绩一直很优秀，这是最值得徐申如骄傲的一件事。学校毕业典礼时，要邀请最优秀学生的家长上台，徐申如作为优秀毕业生家长被请上了贵宾席。这件事让他这个父亲挣足了脸面，他暗想，看来志恢和尚摸骨算命很准，他说此子将来必成大器，按照这个说法，孩子还得继续培养才是。

小学生活是快乐的，徐志摩用一双先天性高度近视的眼睛，读完了七年私塾，读完了三年小学，看遍了家乡的山山水水。在他的眼中，一切都是朦胧的美。他不知道自己的眼睛是高度近视，他以为世界就是这样的模模糊糊。直到小学毕业时，他才被发现，眼神不太好。

徐申如很重视这件事，他父亲就因为后来眼睛出了问题才早早把家业交给他打理。不知是不是遗传的缘故，他的儿子眼睛居然也不好。徐申如慌忙带上儿子去了趟上海，配了一副在当时看来很高档的近视眼镜。

十三岁的少年徐志摩把从上海配回来的那副圆圆的金边近视镜戴上，一下子惊呆了，原来，世界居然是这样的！以前总以为天空昏昏沉沉的，突然间竟变得这样美丽！明净！他忍不住大声欢呼："好天，今天才恢复我眼睛的权利！"

戴上眼镜的英俊少年徐志摩在十三岁那年的一个春日走出硖石镇，和他的表兄沈叔薇一起走进杭州府中学堂读书。

杭州是省府，从家乡小镇走到大都市，徐志摩自由自在的灵性得到极好地发挥和发展，这为他的个性发展打下了基础。

在那里，他大开眼界，虽然依然淘气，却发奋学习，各科成绩名列榜首，并且因为年年终考第一名而当选级长。

在那里，他结识了一生的好朋友，同班同学郁达夫。

郁达夫的性格与徐志摩不一样，虽然后来他们都成为了中国现代文学史上举足轻重的大师级人物。徐志摩因为生长在一个富商之家，又是家中的独子，天资聪颖，一直都是在鲜花和掌声中无忧无虑地长大，使得他养成了乐观自信、聪明活泼、放纵潇洒、敢想敢干的个性。他喜欢表现自己，乐意让人们关注他，到了哪儿，他都要努力成为中心人物。郁达夫呢，他从乡下来到省城，对这个大城市的一切都感觉眼花缭乱，他身体本来就弱，再加上天生胆小，所以不论是在课堂上还是在宿舍里，总是诚惶诚恐、畏畏缩缩的，他的内敛与徐志摩的张扬形成强烈反差。但这并不影响两个人成为好朋友。

翩翩少年徐志摩和他的表兄沈叔薇是郁达夫这些同学眼中的两位奇人，只是，这两个奇人的生命都很短暂。沈叔薇先离开这个世界，徐志摩为他写了祭文；徐志摩后来也走了，郁达夫为他写了祭文。中学时代的徐志摩，"身体生得很小，而脸面却是很长，头也生得特别大"，他和表兄最爱在一起做种种淘气的把戏，"无论在课堂上或在宿舍里，总在交头接耳地密谈着，高笑着，跳来跳去，和这个那个闹闹，结果却终于会出其不意地做出一件很轻快很可笑很奇特的事情来吸引大家的注意"。徐志摩平时看似不用功，经常上课偷看小说，但是，考试却总是第一名，尤其是作文。

在那里，正是因为他文采出众，引起了到这里视察的浙江都督朱瑞的秘书张嘉璈的注意，以至当即就相中了这个少年才俊，进而主动向徐家求婚，要把妹妹张幼仪嫁给他。

张嘉璈向徐申如为妹妹求婚时，并不是利用自己的职权强买强卖，他求婚的口气很婉转，因为自家的妹妹也不是嫁不出去，只是觉得这两个孩子很般配，故决定试试徐家的态度。对于徐家来说，徐申如觉得自己的儿子与张家女儿结亲，就是高攀。所以，这桩婚事一拍即合。

那年，徐志摩已经十六岁，他长成了风度翩翩的美少年，走路不再蹦蹦跳跳了，步履间多了些稳重和倜傥。他意气风发，耽于梦想，心中有无数不知能不能实现的理想。只是在懵懂的青春梦中，他还没有遇见自己的青梅竹马。

现实中没有遇上自己爱恋的女孩，并不等于说他不知道自己喜欢什么样的。当那个寒冷的假日午后，父母把张幼仪的照片拿给他看，向他通报这个女子即将成为他未来的媳妇的时候，徐志摩的目光莫名地从圆圆的镜片后面扫了一眼照片上的那个女子。

他心中有些失落，这不是他想要的那种女孩。这个女子模样倒也说不上多丑，在江南秀女中，样子实在一般般，穿着打扮还算新潮，却中规中矩，一点也没有新式女子的妩媚和罗曼蒂克。最直接的感觉就是：这人是有点土气的旧式女子。

从父母的语气中，他听得出来，他们不是与他商议，也不是征求他的意见，而是和他通报一声，家里给你订了一门亲事，以后这个土里土气的女子就是你的准妻子了。

父母之命，他不敢违抗，可是心中又有不甘。他把目光从那张照片上移开，情不自禁地噘着嘴低声咕哝："乡下土包子。"

这句话，父亲徐申如听到了，母亲钱慕英听到了，连旁边的用人也听到了。他们都默不作声，因为以他们的眼光，没有感觉到照片上的女孩土气。他们坚定地认为，这个名门淑媛虽然不是闭花羞月的美丽，倒也端庄俊秀，像这个类型的不招摇不张扬的媳妇，正合他们的意愿。倘若找一个妖魅儿媳妇，他们祖祖辈辈创建的家业恐怕就岌岌可危了。

亲事就这样匆匆地订了下来。徐志摩一离开家，就把这事忘到了脑后。只是表兄沈叔薇偶尔会开玩笑地对他提起这件事，但这总是会让徐志摩心里滑过一丝莫名的不快。

一想到将来要和照片上那个女子结婚，他就会隐隐地感到郁闷。父亲给他安排的未来便是他自己命运的翻版，他不想成为父亲那样的人，不想一辈子窝在那个小地方做土豪。他想飞，想让人带着自己走，带着自己起飞。

嫁给了不该嫁给的他

订婚之后，张幼仪又坚持上了一年多的学。离她毕业还有不到半年时间的时候，父母告诉她，不能再去上学了，她得回家准备婚礼。

那时候，离她结婚的日子还有两个月。

刚进九月，花事未休，蔷薇花依然盛开在青石板铺就的小巷两侧。张幼仪和姐姐终于从校务处办完退学手续，满怀惆怅地走出了校园。

天气虽不算凉，但她穿着那身舍不得脱下的夏布学生装，还是有些凉意了。一听到父母捎来要求她们退学的信，大姐便不再穿校服了，也不再去课堂上课了，反正也拿不到文凭，多上一堂课，少上一堂课已经没有什么区别。张幼仪却坚持上完了最后一堂课。

她上学还没上够，如果不是婚期临近，她一定要拿到毕业证，一定要拿到小学师资证书。

上学不上学对姐姐来说无所谓，反正她到学校来也是为消磨时光。走出校园的她，就像一只放飞的小鸟，扭着小脚婷婷袅袅快乐地走着，她也不叫累了，走得比大脚的妹妹都快，还不时回头催催磨磨蹭蹭的二妹："走快些好不好，晚了就赶不上车了。看你那一脸散不开的乌云，哪像是要当新娘子的人。"

姐姐看不明白这个小二妹，出嫁是件多么幸福快乐的事啊，她恨不得马上出阁才好呢，只是母亲找来的那个可恶的相命婆，一派胡言乱语，说什么大小姐要二十五岁之后才能出嫁。二十五岁，还得等多少年啊，一朵美丽的鲜花非要等到凋零的时候再嫁人，好男人早就被别人挑走了，还能找到什么好夫君。本来先出嫁的人应当是她这个姐姐，妹妹要嫁的那个英俊书生本是属于她的，却让妹妹抢了去。

一想起这件事，大姐心里就酸溜溜的。其实她长得比二妹好看，也比二妹脑子聪明会来事，在家里，处处都是她拔尖。可是，没想到在出嫁这件事上，却让二妹抢了先。

后来张幼仪回忆说，他们家和徐家结成亲家之后，大姐和徐志摩的母亲也就是她婆婆关系很好，她和徐志摩离婚的时候，大姐二十六岁，还没有婚配，当时婆婆曾经带着后悔的口气对她们的母亲说："我们当初应该娶大小姐就好了。"

那不过是婆婆的一厢情愿，就凭着大小姐的一双三寸金莲，就凭着大小姐的那点儿学识，徐志摩如果娶了她，过不上半年就得离婚。

张幼仪回到家的时候，全家上下正忙着给她准备嫁妆，其实，准备嫁妆的程序一年前就展开了。

他们家的日子有一段时间曾经艰难过，但是四哥从日本留学回来找到一份好工作之后，张家又东山再起，又变成了富裕之家。

家中第一个女儿出阁，当然要风风光光把她嫁出去。六哥被招呼回家，作为二妹婚事筹备组的专职成员，负责准备嫁妆。所有的哥哥们都参与到婚事的筹备工作中，都积极发表自己的意见和建议。

四哥说：现在流行的那种红木、乌木的中式家具太大众化了，几乎所有的土豪都用这个做陪嫁，没特点没个性，要买嫁妆，就买一般家庭没有的。他在外国混过几年，比较欣赏外国家具，建议六弟去国外给二妹采买嫁妆。

二哥觉得这个建议可行，他就要让妹妹的陪嫁品与众不同。

于是，六哥被派遣到欧洲监督嫁妆的采买。

采买回来的是看上去很高大上的欧式家具，欧式古典风格看上去饱满丰腴的松软沙发、带垫脚凳的西式座椅、色泽抢眼的玻璃陈列柜、硕大的雕花五斗橱等，这些东西漂洋过海才从遥远的海外运到上海码头，没有运回南翔，直接就到了硖石的徐家婚房。

搬运家具是个大工程，家具沉重且庞大，一般的车子根本塞不进去，只能用驳船从上海走水路运达，然后穿街过巷来到徐府。

那些人们只有在西洋画报上才见到过的欧式家具，那些人们从来没有见识过的精致的西洋小摆件，以及那些特制的精美绣品和瓷器，让徐志摩的亲戚邻居大开了眼界，他们挤到徐府门前看热闹，每个人都想去亲手摸摸那松软的沙发，那造型奇特的各种家具以及那些绣品和瓷器。之后，整个硖石都在风传：徐申如家的独生儿子徐志摩娶了一个非常富有的大家闺秀。

张家浩浩荡荡地往徐府运送嫁妆，为张幼仪进门造出了声势，也为徐家挣足了脸面。

六哥送嫁妆去了趟徐家，张幼仪从六哥那里，进一步了解了婆家的情况。六哥说，那家人家简直是猪群里的头牛。这是六哥的原话，意思大概是表扬徐家确实是当地的首富，公公会经商，婆婆善良贤惠。至于那个未来的妹夫徐章垿嘛，六哥认为，那是一个风流倜傥满腹经纶的才子，他的文才好生了得。

张幼仪就喜欢英俊的才子，就像戏剧里的英俊书生那样。她读了两年书，表面上看似不浪漫，但内心也喜欢风花雪月，也是缠绵的柔情女子。如果她的夫君是二哥那样的既现代又传统的男人，她愿意在家相夫教子，做贤内助。

婚期定在1915年10月29日。

从南翔到硖石路途遥远，如果张幼仪结婚当日从娘家出发，那确实是不现实的。于是父亲和四哥决定，让张幼仪提前三天赶到硖石，先在徐章垿的亲戚朋友家住下，然后再让徐章垿从那里把新娘接回家。

于是，10 月 27 日，张幼仪在堂姐的陪伴下，坐上开往婆家的列车。

这是她第一次去硖石，关于那里的一切，她都是从别人嘴里听来的。这个十五岁的少女是带着好奇出发的，她的心一时一刻也安静不下来，只有不断看着窗外匆匆掠过的风景，才能稍稍平静一些。

这个时节，江南的秋也走到了尽头。当火车喘息着停在目的地，当踏上海宁的土地之际，张幼仪对脚下的这块土地竟有了某种莫名的亲近感——是啊，以后这里便是她的家了，而那个远方的娘家，从此便成了异乡。

她随着堂姐走出火车站，在出站口就近租了一顶绿轿子，直奔徐家为她们提前准备好的那个地方。虽然她们是平常打扮，可还是引起了关注徐家婚事的当地好事者的注意。他们跟着轿子一路小跑，为的就是提前一睹徐家的新娘子的芳容，这样便可以多一个吹牛的资本啊。在没有什么娱乐活动的偏僻小镇上，徐家大婚就是全镇最大的娱乐活动，每个人，甚至不相干的人，都多了一份莫名的激动。

张幼仪入住的那所房子是徐章垿的表兄兼同学沈叔薇家的。

张幼仪和表姐是第一批到达。陆陆续续的，娘家的亲戚们便都从四面八方聚到了这个地方。俨然，这里便成了张幼仪的娘家。

这里张灯结彩，也有了聘闺女的浓厚喜庆氛围。

他们的风俗，是结婚的头天晚上请新郎到新娘家吃一顿晚饭。这样，张幼仪就不需要等到婚礼掀红盖头时才能看到新郎的真面目，她可以趁着请新郎吃饭的当口，偷窥新郎一眼。

徐志摩如期来到这里。那时候，他已经中学毕业，考入了上海的一所大学（沪江大学前身）。第二年徐志摩到天津的北洋大学攻读预科法科。后来又因为北洋大学法科并入北大，他就成了北大学生。不过这都是后话了。因为婚期已近，徐志摩硬是被父亲把他从学校招呼回来了。虽然有些不情愿，但他知道自己是拗不过父亲的，所以勉勉强强回来了，并且硬着头皮来吃新娘家的晚饭。

这个地方是沈叔薇的家，过去他经常来。但是，这次来却觉得两条腿像灌了铅，他磨磨蹭蹭，直到天色黑下来，才在父亲的催促下来到这里。一进院，便被这里的强大阵容搞得很紧张。

一群大舅子小舅子簇拥着他，把他让进饭厅。能感觉出来，他们对他很友好，很客气，这让他稍稍放松了一些。

他不知道她正被新娘子偷窥。张幼仪和堂姐藏在楼梯顶端的扶栏后面，居高临下，徐志摩一进门，就被她们看到了。

这是张幼仪第一次看到自己的丈夫。这个男人，准确地说，他的形象不过像个未长成的少年，瘦瘦的，戴副眼镜，弱不禁风的书生样子。不过，倒还英俊。

堂姐悄悄推了一下张幼仪，低声问："你觉得他怎么样，长得好看吗?"

张幼仪羞红着脸，夫君长得再好，她也不能说好看，只能调侃着说："他有两只眼睛两条腿，还行吧，不算太丑。"

堂姐笑二妹太谦逊了——能遇上这样英俊的夫君，也不知道是哪辈子烧了高香。

新婚那天，张幼仪穿的不是传统新娘的那种大红大绿的衣衫。她穿的是一件粉红色的礼服，礼服的纱裙却是洁白的，最外面的一层用金色丝线在纱上面绣了几条龙，红白相间，可谓把东方和西方的元素都囊括了。她的头发盘成了三个发髻，之后又戴上华美的花冠。脸上经过细细化妆，本来有些黑的肤色于是彻底被脂粉遮住。装扮一新的新娘子美极了，连张幼仪都有些不认识自己了。

像所有的新娘子一样，那天的张幼仪，是她一生中最美丽的一天。那天，她是所有人心目中的公主，连对她的照片百般挑剔的徐志摩，都觉得这个新娘子长得比照片上漂亮多了。

那天的新郎也没有穿长袍马褂，而是穿了一套笔挺的西服。

婚礼在硖石商会的礼堂大厅举行，婚礼的仪式也是中西结合。新娘子与西方新娘不同的是，她头上顶了沉沉的盖头；

不过，这顶盖头并不是在入洞房的时候揭开，而是在婚礼仪式上设定了一个揭盖头的环节。

盖头揭开了，新娘子秀丽大方，端庄含蓄，她目不斜视，这是大家闺秀特有的风范。其实，在娘家的时候，张幼仪并没有接受这方面的培训，只是在婚礼之前，堂姐临阵磨枪地对她进行了一番突击培训。这礼仪培训很实用，使得婚礼现场的张幼仪风采照人，为婆家和娘家挣足了面子。

盖头揭开的一刹那，张幼仪屏住呼吸。这是她第一次这样近距离地看到徐志摩，她甚至能感受到他的气息。临行前堂姐告诉她，要收敛目光不直视任何人，包括新郎。她按照堂姐说的，不敢看徐志摩的眼睛，她的目光落到他又尖又长的下巴上——在礼堂半明半暗的光线下，他的下巴很光洁，嘴唇下面长着毛茸茸的胡须。

她以为他会对自己笑一下，哪怕绽出一丝笑意。但是，那下巴的表情是僵硬呆板的，始终没有小动作。后来，他们作为一个团体，在司仪的口令下，整整齐齐地给该磕头的那些长辈来宾磕头致谢。

徐志摩那天的表情不像别的新郎那样充满喜悦。虽然娶回来的新娘比预想的稍好一些，不是那么土那么丑，却也不是真正的意中人，他依然心怀遗憾。

不中不洋的婚礼还没结束，宾朋中就悄悄传送起了战争的消息。两拨军阀在不远处起了冲突，从硖石开往上海的火车临时取消，许多从那边来的客人回不去了。大家的情绪因此变得很焦虑，婚礼的气氛也顿时变得怪怪的了。

对于徐家来说，这大喜的日子，自然乱不得阵脚，每一道程序都按部就班一丝不苟地进行着。比如，婚礼后的闹洞房，依然是乡间很传统的文明程度不是很高的那种折腾新娘的模式。或许因为对新娘找不到爱恋的感觉，徐志摩在婚房外走来走去的，对被乡人们戏谑的新娘子，他不但从不解围，连正眼都没看一眼。新娘子不知道如何招架，可怜巴巴地用救助的目光搜寻能解救她的人，她看到了打门口经过的徐志摩——可他却把头别了过去，似乎这个女子和他一点儿关系都没有。

新婚之夜，用人们帮他们铺好被褥。大红的婚被正中，铺了一块洁白的丝帛，那是向婆家人验证处女之身的取证之物。张幼仪在用人的帮助下脱去外衣，身上脱得只剩下一件绣着鸳鸯图案的薄薄的红丝袍，然后静静地坐上床边。

床那边，徐志摩身上也只剩下了一件薄薄的丝袍。

红红的烛光下，只剩下他们两个人。

两个人默默地坐在自己的那一隅。张幼仪因了女子的羞涩和矜持，不好意思先和徐志摩说话。而徐志摩则没想和这个今天刚见过面的陌生女子说话。

长久的沉默，让在窗外埋伏好等待听洞房的人大失所望。深秋的夜很凉了，他们确认这个夜晚屋里的一对新人可能满足不了他们的娱乐之心，便都悄悄离去。

洞房花烛夜，徐志摩居然一句话也没对他的新娘子说，只是打了个哈欠，独自躺在床的一侧睡了，且很快就进入了甜畅的梦乡，全然不顾那一边还有一个人安坐在那里。

张幼仪轻叹一声，也在自己这一侧拥衾躺下。

她睡不着。这个陌生的地方，陌生的房间，身边躺着一个陌生的男人，打着陌生的呼噜。

庭院深深几许，窗外叶落无声。未来的生活会怎么样，她不知道，这个男人未来是不是会对她好，她不知道。母亲说，嫁鸡随鸡嫁狗随狗，无论这个男人什么样，现在她都认了。

❷

与别人堕入情网的夫君

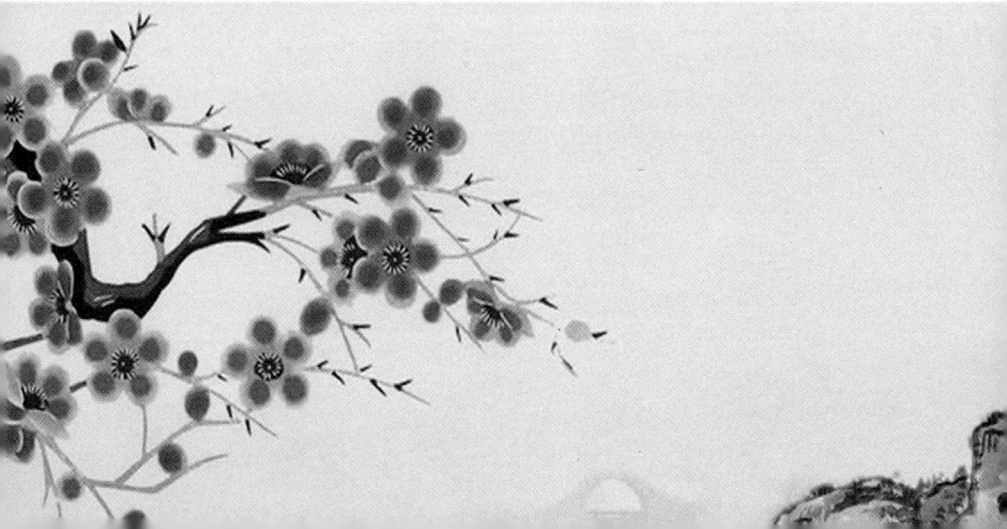

远赴重洋的分离

新婚之后，徐志摩和张幼仪也曾有过短暂的幸福时光。

毕竟是少年夫妻，毕竟是徐志摩生命中的第一个女人，虽然她不是自己心仪的，却也说得过去，特别是与周围的同学朋友们的妻子相比，她算是新式女子了，没有缠足，且上过几年新学堂，上得厅堂，入得厨房，与公婆之间也相处得很和谐，新婚的生活倒也算幸福安逸。

日子如白驹过隙，眨眼间，这一年的春节就过去了。张幼仪对徐志摩的爱还没来得及开始，就莫名其妙地成了昨天。

春节一过，他的假期也结束了，该重返学校上课了。为了回家娶媳妇，他已经耽误了太多的功课，他必须要返校了，而且从他的态度和眼神中看出，他返校的意志很坚定，对新婚的妻子没有表现出一丝留恋。前一个夜晚，他把张幼仪拥入怀中极尽温柔的时候，全然不是这个样子。可一旦收拾完行装，他忽然就变成了一个陌生的模样，这让张幼仪很费解也很伤心，男人都这样无情吗？

徐志摩走了，把张幼仪的心也带走了！她的心，她的爱，她的一切都是属于那个远行的男人的。她没去过上海，更不知道天津在哪里，北平在哪里。

新婚的张幼仪独自守着冷冷清清的婚房。她发现，结婚并不是件快乐的事，那个称作丈夫的人到了遥远的远方，自己在这个陌生的家庭中，必须要处好和公婆的关系。

张幼仪努力讨好取悦公公婆婆。她发现，讨得公公婆婆的欢心并不是件很难的事，反倒是讨得丈夫的欢心比较不容易。那个人走了，就再也找不见了，甚至连信件都不多。新婚在一起的那段时间，每天一大早，徐志摩就出去了，会他的同学，会他的朋友，总之每一天都有许多这样那样的事情。张幼仪是不能跟着他一同出去的，她要守在家里，不能随便跨出院门一步，女人哪能随便抛头露面啊。还有，即使她可以抛头露面，徐志摩也不会带着她去啊。所以，他们在一起的时间并没有多少，徐志摩走的时间一长，他的形象就变成了模糊的记忆。有时候，张幼仪要使劲想，才能想起自己的丈夫长什么样；有时候，即使使劲想，竟也想不出完整的形象。

从一开始，他在他们的婚姻中就是一个模糊的影像，张幼仪根本就不了解他，也根本没有机会了解他。

徐志摩寄回来的家书基本上都是寄给他父母的，里面很少提到张幼仪。但是，每当收到了徐志摩的书信，公公徐申如总是把一家人聚到客厅当中，当着大家的面大声宣读，张幼仪一字不落地听着，她只能从那字里行间捕捉丈夫的行踪及其近况。

他的信总让人感触到校园生活的自由自在，张幼仪羡慕那样的生活，她也上过学，也有过这样的自由生活。如今嫁了人，每天被困在院中，大门不出二门不迈，她觉得自己快要被憋闷死了。

有一阵子，她梦想着重新返回校园去完成未竟的学业。

她偷偷写信给母校，问自己这种情况可不可以接着去上学，因为她还差半年就毕业了。

校方很负责任地回信了，说可以回来，但是必须重读一年，因为她已经错过了一个学期，要补上的。

这样一来，如果她回学校上学的话，至少要再读一年半到两年书才能拿到毕业证。两年似乎太长了，张幼仪刚刚张开的希望之帆又被黯然收起。作为徐家的新媳妇，她不可能离开公婆两年时间，那样会被人耻笑的，会被人嘲笑她不务正业，会被人私下戳着徐家的后脊梁骨说，他们讨了个不守妇道的儿媳妇。张幼仪不想让自己成为小镇上的另类，她放弃了自己的理想，决定专心致志学做新媳妇。

一个十五岁的小女子，从此闷在家中，整天无所事事地陪着老太太，她无聊地大把挥霍着美好的青春时光，为那个离开之后就没有再回家的男人苦守着。日子一长，她便感觉到了无尽的寂寞，与其慵懒地傻坐着看日升日落，还不如给自己找些事做，比如去女眷室学习做鞋子。徐家虽然是镇上最富的人家，一家人穿的鞋子却都是自己缝制的，鞋帮上的花纹都要用真丝绣花线细致地绣出来。张幼仪一双纤细的小手上下翻飞，她悉心地开始了制作鞋子的工作。

这是一件很磨性情的活计，在一针一线的细密穿梭中，一个女人性格中的棱角就会渐渐被磨圆了。

张幼仪为公婆和丈夫做鞋的时候，总是把针脚缝得均匀细密。公公和丈夫是场面上的人，他们要穿着精致的鞋子去做大事情，马虎不得。婆婆是自己的直接领导，自然也不能敷衍。但是，为自己做鞋子就可以随意一些了，反正自己也没有走出大门的机会，鞋子做得再漂亮，又有谁能看得见？即使有人看见，她这双大脚，人们也懒得欣赏。

在这个传统文化占主流的小镇子上，大脚女子是要被人耻笑的。虽然外面的世界已经不再欣赏小脚美女，但镇子上的男人依然喜欢小脚女人，连茶室的三陪女，都是一水的三寸金莲，她们就是用缠着厚厚裹脚布的三寸金莲来勾引男人们，让他们神魂颠倒，夜不归宿。张幼仪的公公徐申如也属于流连在那类茶室中的男人之一。他一辈子精打细算，找女人这一类的事情也算计得很精细。和许多男人一样，他也有

强烈的占有欲，虽然娶进家里的也只有两个女人——第一个
女人没留下一男半女就死去了，续娶的第二个女人便是徐志
摩的母亲。按照他殷实的家底，本来可以讨上一两房姨太太
的，大约是担心女人多了自己的钱财就把持不住了，细想之
下，倒不如去茶室之类的地方来得实在。徐申如以自己的精
明算清了这笔账，便在小镇上广交起了"女朋友"。张幼仪的
婆婆则睁一只眼闭一只眼，只要她的地位不受到威胁，他爱
喜欢谁喜欢谁，反正女主人的第一把交椅是她的。

好不容易熬到学校的假期，徐志摩回来了。

整整一个学期，他大约在外面又见了更大的世面，对家
里这个女人就更多了一些挑剔。他和张幼仪之间的交流比刚
结婚的时候更少了。和他在一起，张幼仪时时会感觉到无形
的压力和尴尬。他似乎总是有意无意地躲着张幼仪，即使两
个人坐得近在咫尺，他需要别人递给他某件东西，也会故意
绕开张幼仪，而对更远处的用人说："给我拿那个。"

让别人帮他拿东西，不劳烦自己的女人，别人或许还会
觉得这是在心疼女人。下面这件事情你就无论如何也不会觉
得他是在心疼女人了。他的后背痒了，需要人帮他挠一下，
张幼仪就在他身边做女红，对于身边这个正在缝东西的女人，
他连看都不看，目光越过她直接对另一个用人说："过来帮我
抓抓这里。"

张幼仪在他面前如同空气一般不存在。尽管她装作不在
意的样子，可心里其实特别委屈——凭什么啊，我替你在家

孝敬父母，替你守着这个家，哪一点做错了，你这样对待我？

眼下这种局面，十几岁的少妇张幼仪不知该怎样去应对，她只能以沉默面对沉默。你徐志摩既然不想和我说话，那我也不理你；你能几天不和我说一句话，我就几天不言不语。反正我是你明媒正娶的妻子，你能把我怎么样？

她不再奢望什么爱情了。没有爱情，也可以在这个家里过一辈子，许多女人就是这样过来的。

刚嫁过来的时候，她还幻想过他们的婚姻中会有浪漫。可是现在，所有的浪漫都已经化成了泡影。看来这个男人压根就没想过要和自己浪漫。

在家里住了几天，在某个晴好的早晨，徐志摩从家里乘着一顶小轿子出去，整个假期就再也没有回来。出去的时候，他从张幼仪身边走过，一句话也没说，张幼仪不知道他去了哪里，后来从婆婆的口中才知道，他到徐家在东山的一所房子里去居住了。

他走了，可她发现自己怀孕了，怀上了他们的孩子。

公公婆婆欣喜若狂，他们徐家有后了。

张幼仪却高兴不起来。胎儿在肚子中一天天长大，每当感觉到这个小生命在里面蠕动，张幼仪便禁不住心生叹息，那个制造这个小生命的男人，无意间播下这么一颗种子，却不过是一个传宗接代的程序需要。一切都与爱无关！她多希望自己是为了爱情而孕育一个小生命啊！

他们婚姻中这微妙的变化，明眼人都能看得出来。以张幼仪娘家的兄弟们洞穿世事的聪明，不用看，也能想得到。作为男人，张家兄弟更懂得男人的心理，也许担心柔弱善良的二妹拴不住才情横溢风流倜傥的徐志摩，他们便亲自登场，帮着妹妹一起哄徐志摩。

他们拉拢感情的方式和手段很奇特，徐家有的是钱，不需要在钱财上对徐志摩进行资助，他们便在事业上为他提供帮助。比如，在上北京大学之前，张幼仪的二哥张嘉森曾介绍徐志摩到上海浸信会学院读书，后来又介绍他认识了学界首领、政界名流梁启超。

徐志摩从天津的北洋大学法科预科转入北京大学之后，就成为了北大学生。

进北大之后，徐志摩有了一个心愿，就是拜梁启超为师。他中学时代就喜欢梁启超的文字，而且他的作文有意模仿梁启超的文风，模仿得还非常像。当初，就因为那篇模仿梁启超文风的作文，一眼就被张幼仪的四哥相中了。不仅仅是梁启超的文采，令徐志摩倾倒的还有他的思想，他的关于民主、自由、博爱的思想，这些新思潮都为徐志摩所欣赏并认同。

徐志摩想结识政界、学术界大师梁启超的心思，他的大舅子们早就看出来了。二大舅子张嘉森早年间去日本早稻田大学留学的时候，就和梁启超认识了，并参与发起梁启超主持的政闻社，追随梁启超从事立宪活动，后来也是梁启超安排他到德国留学。就在前不久，张嘉森还跟随梁启超远赴欧洲考察呢。所以说，介绍自己的妹夫认识梁启超，对他来说还真是小事一桩。

另外，徐志摩还有一个可以结识梁启超的桥梁，就是也可以由蒋百里引荐。

蒋百里是民国时期中国著名军事学家，徐志摩从天津转到北平上学的时候，他正担任黎元洪总统府顾问，梁启超赴欧洲考察的队伍中，他也是其中一员。徐志摩和蒋百里有亲戚关系，徐志摩的姑父蒋谨旃是蒋百里的族兄，凭着这层关系，转学到北平后，徐志摩便借住在蒋百里家中，因为北大的宿舍比较紧张，住不下。

按说徐志摩和蒋百里这门子亲戚还绕着弯儿，不是那么直接，但是，同在遥远的京城，有了这层关系就显得格外亲，亲戚靠走动，蒋百里在故乡的乳名叫福，于是徐志摩称他为福叔。福叔爱才，对这个才华横溢的晚辈乡党非常欣赏，他们不仅是亲戚，还成了忘年交的好朋友。

1918 年 6 月，是徐志摩最难忘的一个夏季，在张嘉森和蒋百里的共同引荐下，他正式拜梁启超为师。

梁启超是不随便收弟子的，但是，他的两个得意门生蒋百里和张君劢（也就是张嘉森）联名共同引荐那个名叫徐志摩的北大法学院学生，想必那个后生不是一般人。梁启超爱惜人才，他毫不犹豫地答应下来，并隆重地举行了拜师仪式。

举行拜师仪式那天，徐志摩白皙瘦削的脸上泛着少有的红晕，他正处于快乐的巅峰。前几天，张幼仪刚刚给他生下一个儿子，他虽然不爱那个女人，但是儿子是自己的骨血，从此，自己有了传宗接代的人，作为受过传统教育的中国男人，不管受过多少新式教育，骨子里也脱不去传统的根子，这是他人生的一大喜事。拜名师是他人生的又一大喜事，喜上加喜，哪有不喜悦的道理？

徐申如从徐志摩的信中知道了儿子要拜梁启超为师，立即准备了一千块大洋的厚礼，这份厚礼在今天看来也是厚重无比的。拜师仪式上，各种拜师程序进行完毕，徐志摩恭恭敬敬呈上自己的拜师礼金。对礼金的厚薄，梁启超是不在乎的，比徐家有钱的人多了去了，梁启超欣赏的是人才。见徐志摩的第一面，从他的谈吐中，从他清雅的气质中，梁启超认定这个新门生他选对了，这个年轻人将来会有大出息。

收了这个新门生之后，梁启超便建议他到国外留学，以学得更多的知识，成为有用的栋梁之材，将来更好地报效国家。徐志摩认为老师的话有道理，正赶上放暑假，他假期回家，就和父亲提起要出国留学的事。

一家人都知道了徐志摩想到美国去留学，张幼仪却是其中最后一个知道丈夫有这个想法的人。她的公公婆婆处在进退两难的纠结中：为了儿子的前途，应该支持他；但是一去几万里，到一个遥远陌生的国度，他们对这个独子不放心。张幼仪也陷入到忧虑中，她忧虑的是，他在国内求学，她尚且一年半载见不到几次面，如果到了异国他乡，会不会永远见不到他了。如果在过去，有没有他倒也无所谓，但现在有了他们共同的儿子，总不能让儿子失去爸爸啊。

儿子徐积锴尚在襁褓中，那段时间，张幼仪怀抱孩子，总是长久地沉默无语。她和徐志摩之间本来就无话可说，现在言语之间就更加冷漠了。偶尔，徐志摩会抱抱孩子，也只是和孩子亲热一下，对孩子的妈还是保持一贯的距离感。对于自己想出国留学这件事，他似乎从来没有想过与这个女人有什么关系，他觉得没必要和她商量，他想怎么做便怎么做，她没有权力干涉自己。

她从来没有想过要干涉丈夫的事，只是，他该和自己商量一下的，她只是想得到应有的尊重。

爱情和尊重总是并行的，这道理张幼仪后来才知道。

徐申如同意了徐志摩出国留学的决定，临走前，给他改了名字，把徐章垿改成了徐志摩，他还记得儿子小时候那个名叫志恢的和尚替他摩顶的时候的那个预言："此子将来必成大器。"徐申如望子成龙，他给儿子把名字改成徐志摩，就是对儿子寄予厚望，并盼望新名字给他带来好运。

出发的日子定下来了，就在8月中旬。离那个日子已经很近了，全家上下都在为远行的少爷收拾行装，张幼仪也紧着为丈夫赶做一双新鞋，她想让他带上这双鞋，到了异国他乡，穿上自己亲手做的鞋，好记挂着他们娘俩儿。

徐志摩知道了那双鞋是替自己缝制的，却对灯下认真缝制的张幼仪不屑地撇撇嘴，"到了国外谁还穿这种土气的布鞋。"

"还是自己做的鞋穿着舒服。"张幼仪头也不抬坚持做自己的事情，穿不穿是他的事，做不做是自己的事。

他就要走了，远隔重洋的分离让她的心中充满惆怅。尽管结婚快三年了，可他们在一起的时间却屈指可数，许多日子都是在分离中度过的。而且这一次格外不一样，她有一种预感，感觉到他走了之后，恐怕就不会再回来了。

8 月 14 日，徐志摩从上海浦江码头出发，乘上南京号邮轮，自费赴美留学。

走的那天，张幼仪抱着刚刚两个月的儿子把他送到门口，徐志摩留恋的眸光扫过母亲，越过她，扫过儿子，深情地挥一挥手，随着父亲和为他送行的男佣，向远处走去。

张幼仪抱着儿子站在家门口，目送着那身影越走越远……

他没有回头，一直也没有回头看看她。

邂逅美丽少女林徽因

轮船驶离码头，向着海天一色的远方出发。

上海在渐行渐远中变成一片模糊的景色。前方，波浪滔天。徐志摩站在甲板上，遥望着远处的祖国大陆。

之后的日子，航船始终处在夜以继日的航行中。船上的人们每天面对的是连成一色的海与天。海上的日子是寂寞的，寂寞久了便开始想家。轮船在海上航行了半个月，徐志摩禁不住就有些想念亲友了。

1918 年 8 月 31 日，寂寥中的他在船舱中写下了《赴美致亲友书》，文字磅礴大气，大有成为时势中的英雄的气概：

> 时乎！时乎！国运以苟延也今日，作波韩之续也今日，而今日之事，吾属青年，实负其责，勿以地大物博，妄自夸诞，往者不可追，来者犹可谏。夫朝野之醉生梦死，固足自亡绝，而况他人之鱼肉我耶？
>
> 志摩满怀凄怆，不觉其言之冗而气之激，瞻彼弁髦，怒如捣今，有不得不一吐其愚以商榷于我诸先进之前也。摩少鄙，不知世界之大，感社会之恶流，几何不丧其所操，而入醉生梦死之途，此其自为悲怜不暇，故益自奋勉，将悃悃幅幅，致其忠诚，以践今日之言。幸而有成，亦所以答诸先生期望之心于万一也。

或许，在那段长长的寂寞旅途中，他偶尔也想起过自己的结发妻子张幼仪。

虽然这篇文字慷慨激昂，却能读到这豪言壮语背后花架子式的虚，从这篇文采斐然、声情并茂的爱国之作中，能看出徐志摩诗人般的浪漫和多愁善感。其实，他天生就有做诗人的气质，只是那时候还没有被发现，如果一开始梁启超一眼洞穿，自己收的这个新门生将来可能成为浪漫不羁的大诗人，他还会收这个学生吗？他还会鼓励他出国留学吗？

在海上漂泊了二十一天，徐志摩终于到达美国的旧金山。

但这里还不是最后的目的地。他在美国大陆继续前行，经芝加哥、纽约等城区，最后到达马萨诸塞州的克拉克大学。

他进入克拉克大学历史系三年级插班读书。之所以选择历史系，是为了实现他的导师梁启超期望他的政治理想，他选读社会学、经济学、历史学等课程，希望将来做一个中国的"汉密尔顿"。

徐志摩很勤奋，和他同宿舍的董任坚、张道宏、李济之等都是中国留学生，他们相约为本宿舍定下一个章程，规定本宿舍成员：六时起身，七时朝会，晚唱国歌，十时半归寝，日间勤学而外，运动散步阅报等。

他们严格遵守规章，刻苦勤奋，后来都成为各行各业的栋梁之材：董任坚成为著名教育家；张道宏后来转入西点军校学习，因为品质优秀被段祺瑞选中做了姑爷；李济之则成为人类学家、中国现代考古学家、中国考古学之父。

徐志摩在克拉克大学历史系读了十个月就毕业了，获学士学位，得了一等荣誉奖。

导师的期望已经完成了，下一步该实现父亲的愿望了。父亲把他送到国外读书，并不是想让他当什么政治家，祖祖辈辈经商的徐申如想让儿子学美国先进的金融管理，回国后进入金融实业界。为了圆父亲的梦，从克拉克大学历史系毕业后，徐志摩又进入哥伦比亚大学经济系学习银行学。那时候，他的理想是做中国的"汉密尔顿"，驰骋政治、经济舞台，汉密尔顿是美国建国后的第一任财政部长，徐志摩给自己取的英文名字是汉密尔顿徐。

　　在哥伦比亚大学经济系学习了一年，他便获得了一个硕士学位。

　　在美国学了两年，对于假大空的政治和充满掠夺性、贪婪性的经济，徐志摩开始厌倦了，他讨厌为实现欲望不择手段地去做丧心病狂的事情，而政治和经济都需要不择手段。徐志摩对政治学和经济学慢慢都不感兴趣了，他把兴趣点转移到哲学上去，并被英国哲学家罗素所吸引。

　　徐志摩不想继续在美国学习了，他要去英国找罗素。

　　决定去英国之前，徐志摩给父亲写了封信。他其实也处于彷徨中，那时候还没有完全拿定主意，毕竟，英国是个更加陌生的地方，他也不知道到了那里会不会更加失落，所以，信中便有了家人都能读出来的忧虑和不安。

　　那封信到达老家硖石的时候，其实徐志摩已经到英国了。

　　徐申如按照惯例，把一家人聚到客厅拉着长长的声音读儿子的家书。

　　被召集来听书信的除了婆婆和张幼仪，还多了小孙子徐积锴，他已经两岁多了，爸爸的书信还不能听懂，但他知道那是爸爸从远在天边的国外寄回来的家书，所以很懂事地伏在妈妈怀里认真听。

　　从公公的脸色可以看出来，这次他不高兴，不像每次读信的时候那样抑扬顿挫，欢快激昂。

　　张幼仪一字不落地听完了，她明白公公为什么不高兴了，徐志摩擅自放弃了哥伦比亚的博士学位攻读，横跨大西洋去了英国，不知道这里面出了什么状况。张幼仪的心里其实和公公婆婆一样焦虑不安，只不过她不便表现出来，她是这家的媳妇，必须学会藏着，必须学会收敛。

徐志摩到英国之后，并没有找到他想要追随的罗素。那时候，罗素应邀到中国讲学，他不远几万里来到英国，罗素却从英国去了中国。当徐志摩在英国伦敦政治经济学院的课堂上无奈地读着自己并不喜欢的课程时，罗素正在南京大学也就是当时的国立东南大学发表《关于哲学》的演讲，倡导以逻辑推理与科学方法求知。他们就这样擦肩而过，人生有时候就是这样充满戏剧性。

徐志摩在伦敦政治经济学院里混了半年，追随罗素的愿望看来实现不了了。正在沮丧失望的时候，他的同学陈西滢带着他认识了一位官场失意后，以驻欧代表身份远涉重洋旅游的奇人林长民。

林长民号称五四时期的"恋爱大家"，因为他旅欧回国后在北京一所大学举办过一场以"恋爱"为主题的公开演讲。当时，他很喜欢罗素那本《婚姻与道德》，里面宣传的爱情观念，让他感觉很新潮，他大约觉得自己在爱情上有诸多不如意。

林长民一生娶过三房妻妾，原配是"父母之命，媒妁之言"的女人，是个文盲，不识字，这婚姻肯定与爱情无关。不过这个女人给了林长民以寻找爱情娶第二房的足够借口，她不会生育，娶了一个没有生育能力的女人，在那时候可以敲锣打鼓名正言顺地再娶一个，林长民顺势就娶了第二房。既然第二次娶女人，就该挑一个自己爱恋的美丽女子，反正林家不缺钱，但是，从留下的照片来看，林长民娶的这个二房形象一般般，且也不识字，但是，生下个女儿却美得惊人，这就是林徽因。林徽因八岁的时候，林长民又娶了第三房太太程桂林，总结前两房的教训，这一次，他选了个有些文化的精明乖巧的上海人，不过，他依然找不到爱情的感觉。

徐志摩也喜欢罗素的《婚姻与道德》。他的婚姻是纯粹的父母之命，与妻子张幼仪之间，从来就没什么共同语言，与她在一起的时候，他经常有想逃离的心情，都不愿正眼看她。他从一开始，就从心底里抵触这个婚姻，父母越说这个女子如何如何好，他就越反感。实话实说，张幼仪还算端庄大方，许多人都不理解他，说他不识好歹，守着这样一个乖巧懂事，长得也还说得过去的女人，还有什么不满足。但他就是不满足，为什么不满足，他不知道，他就是喜欢不起张幼仪来。

两个喜欢罗素的人，两个在爱情上有失落感的人，虽然相差了二十岁，在看待罗素爱情观的观点上竟然有着惊人的相似，徐志摩和林长民一见如故，成了无话不谈的忘年交。

他们的身上都有些诗人的浪漫，在举目无亲的异国他乡，两个人精神上有许多契合的地方：他们都是有远大抱负的人，当理想搁浅的时候，他们又都是最寂寞无助的人。两个人无聊的时候，便做些无聊的虚拟游戏，徐志摩在《林长民·一封情书·附记》中说，"有一次我们说着玩，商量彼此装假通情书。我们设想一个情节，我算是女的，一个有夫之妇，他装男的，也算有妇之夫，在这双方不自由的境遇下彼此虚设通信讲恋爱，好在彼此同感'万种风情无地着'的情调"。

玩家双方像两个无聊的孩子，投入到这场无聊的游戏中，直到在徐志摩见到林长民的女儿林徽因之后，才慢慢结束。

两个无聊的男人交往着，闲来无事的时候，林长民租住的地方便成了徐志摩可以驻足的一个落脚地，他们就着一盏昏黄的灯泡，就着一杯温凉的咖啡，可以长谈到半夜。

此时，陪着林长民到欧洲旅游的林家小姐林徽因，便映入徐志摩的眼帘。

第一次见到林徽因，是林长民引荐徐志摩与英国学者狄更生初次见面的那天，林长民不但让徐志摩认识了大学者狄更生，还认识了自己美丽的女儿。徐志摩惊呆了，把这个女孩惊若天人。

那天应该是一个周末，赶上林徽因在家，平时她是要去上课的，各种的功课，学英语，学钢琴，还要上学。

约好了在林长民的家中喝茶，徐志摩便早早去了，狄更生是著名学者，按照礼节，他不好比人家到得晚。

林家这次接待他的是一个美丽少女，她看上去也就是十五六岁的样子，却俨然是这家的女主人。

林长民介绍说这是他的女儿林徽因。

她对徐志摩莞尔一笑，为他斟茶倒水，说着一口纯正的北京话。等狄更生到了，她却操着一口流利的英语，这让徐志摩不由得多看了那女孩几眼。

那是一个美得令人窒息的少女！她梳着两条整齐的发辫，穿着洁白的衣裙，五官如雕刻般精致，容貌纤细，白皙得如玉雕一般。她娇而不媚，清纯而不幼稚，雅致而不高冷，有大家闺秀的传统美，也有现代女子的落落大方。最吸引徐志摩的是少女身上那浓浓的书卷气，徐志摩还是第一次遇见这种完美的女孩，他毫无准备地就坠入了林徽因的情网。

十六岁的少女林徽因对这个个子高瘦，穿着飘然长衫的青年男子并没有什么特殊感觉，父亲让她称呼他为叔叔，她便大大方方叫了，没有更多的话。她不扭捏不做作，一副见过世面的大家闺秀范儿。她是真的把父亲的朋友们都当作叔叔的，在少女的眼里，这些经过风雨见过世面的男人们都是成熟的，都是比她大很多的大男人，其实，那时的徐志摩不过才比她大八岁。她从小就跟随父亲迁居北平，在培华女中读中学，父亲林长民那时候是段祺瑞内阁司法部长，总统徐世昌怀疑林长民是五四学生运动的幕后主使，为了避嫌，林长民决定离开官场一段时间。1920 年春天，他以"中国国际联盟同志会"驻欧代表的身份到欧洲考察，带着女儿林徽因一起前往。林徽因到伦敦没多久，就邂逅了徐志摩。

气质高雅的林徽因到了欧洲，跟随父亲漫游了欧洲大陆，最后在伦敦阿门二十七号民房租住了一套民居。每天，由两名教师辅导她英语和钢琴。所以，林徽因的英语说得地道纯正，钢琴也弹得很专业。不久，她考入爱丁堡大学读书，她一身得体的洋装，飘然若仙地行走在从学校回家的路上，那娇美的身影，勾起了徐志摩心底沉睡的爱情。

这感觉，是第一次见到张幼仪的时候没有过的，徐志摩确信，这便是爱情，这便是传说中的一见钟情。他的爱情苏醒了，林徽因便是他心目中一直寻找的那个理想的女子，他一直让自己的感情虚位以待，等的就是这个美丽的林小姐。

他诗人的激情瞬间被唤醒了，他突然会写诗了，而且那诗情一发而不可收。他和林长民通了不少情书，回头一看，那哪里算得上是情书，当有了爱情，真正的情书却不是这样的。

徐志摩忘记了自己是有妇之夫，忘记了自己是有孩子的父亲，他向林徽因发起了求爱攻势，他开始为她写诗。

这一次他不是在玩游戏，和林长民互通情书的时候，他是完全的玩家心态，就像现在的人们玩网络游戏，一切都是虚拟的，他只是觉得很好玩，却没有心动，没有心灵颤抖的投入感。当他真正爱上一个人的时候，才发现爱情的感觉是如此美妙，他会不分场合不分时间地无时无刻止不住地想她，想她，想得夜不能寐，想得茶饭不思。

他每天都能在纸上写无数行的诗，那些诗句是流淌出来的，根本就不用去构思，不用去搜肠刮肚。

诗歌和爱情从来就脱不了干系，没错的，诗歌与爱情永远纠缠不清，徐志摩确信自己是恋爱了。

十年后，徐志摩成了著名诗人，他在《猛虎集·序》中说，自己二十四岁以前，与诗完全没有相干，只是整十年前吹着了一阵奇异的风，照了奇异的月色，才倾向于分行的抒写，一份深刻的忧郁让他有了诗人的气质。

因为一场爱情，改变了徐志摩的人生方向，让他开始了新诗创作。那段时间他写了很多诗，可惜后来存留下来的只有二三十首，大部分都散失掉了。至于那些诗有多少是写给林徽因的，也无从考证了，从那些今天能看到的《情死》《月夜听琴》《青年杂咏》《清风吹断春朝梦》等表现爱情和人生理想的诗歌中，能窥到那个时期他的创作激情。

一场浪漫婚外情

徐志摩自此彻底放弃了他过去那些想做政治家、思想家、银行家的各类梦想，开始向文艺青年的方向走去。他与文学的缘分也因了刚结识不久的狄更生，在狄更生的帮助下，徐志摩以特别生的身份进入剑桥皇家学院，主要研究文学。

他的康桥之恋正式拉开序幕。

徐志摩本来就已经是林家的常客，心中有了林小姐，便去得更勤了。去了，林长民在的时候，两个人有一句无一句地聊闲天，他的目光是游离而心不在焉的，总是有意无意间瞥向林小姐的卧室。林长民不在的时候，他就静静地坐着，看林小姐做事、读书，或者听她弹琴。悠扬的琴声中，徐志摩如醉如痴，目光一刻也不离开那个唯美的小女子，她读书弹琴的姿态好美，美得如同静坐在云端之上的仙子。就像他为她写的诗中赞美的："你是高高在上的云雀天鹨，／纵横四海不问今古春秋，／散布着稀世的音乐锦绣"。

林长民感觉到了徐志摩对女儿的爱，他没有阻止，默许他继续到家里来。他是欣赏这个才华横溢风流倜傥的英俊青年的，或许他觉得，如果女儿与徐志摩真的有缘，让他做姑爷也无妨。

其实，那时候，林家小姐已经与人订下婚约，男方正是徐志摩导师梁启超的儿子梁思成。

徐志摩的诗人浪漫气质上升到主流地位后，对现实中各种身份的束缚一百个不论，林徽因订了婚又如何，自己还结了婚呢，当爱情到来的时候，在他看来，婚内婚外都不算个事。

他给林徽因写了第一封求爱信。

他在信里说："我不知道我要说的是什么话。我已经几次提起笔来想写，但是每次总是写不成篇……"

十六岁的林徽因被那封文字优美情意绵绵的求爱信吓到了。

她虽然经过父母之命媒妁之言与梁思成有了婚约，却从来没有和他正式接触，根本不懂得爱情是什么。这个和父亲关系甚密的徐志摩叔叔，居然会向自己求爱？她拿着那封求爱信，心中惶恐无助，满脸绯红，如果母亲在身边就好了，可以和她商量怎么办，对于父亲，她是不能把这件事告诉他的。

被徐志摩的深情困扰着，纠结着，林徽因的心绪很乱。

少女的心事是瞒不住人的，父亲还是一眼洞穿了。他问女儿是不是遇上了什么不愉快的事。

林徽因吞吞吐吐，拿出一封信，迟疑地交给父亲。

那熟悉的字迹，林长民一看，就知道是徐志摩的，他已经猜想到了这小子会来这个，他知道徐志摩已经暗恋女儿许久了，这封信透露了徐志摩的爱意。

林长民又默默把信还给女儿，他什么也没说，他也无法说出什么指导意见。如果她爱他，就是缘分，他拦也拦不住；如果她不爱他，徐志摩的爱情攻势再强也没有用。女儿已经十六岁了，该学会自己处理这些问题了。

打心眼里说，林长民还是愿意这两个年轻人交往的，所以，在随后给徐志摩的一封信中，林长民很轻松地提到这件事："阁下用情之烈，令人感悚，徽亦惶惑不知何以为答，并无丝毫嘲笑之意，想足下误解了。"这封信的最后还有一句附言：徽徽问候。

不愧是研究婚姻爱情的父亲，真够开明的，漫说在那个时代，即使在今天，做父亲的也没几个像林长民这样的。徐志摩再好，他也是有妇之夫啊，女儿如果爱上这样一个身份的男人，这爱情会有未来吗？或许，在林长民的爱情观中，爱情是第一位的，不用考虑天长地久，只要曾经拥有就够了，这倒和徐志摩很像。难道刚刚四十挂零的林长民居然忘记了自己已经把女儿许配给了梁启超家的大公子？他没忘，那个婚约是他和梁启超的一厢情愿，那是两年前的事，那时候两个孩子还小，他不知道自己的女儿是不是爱梁公子。读了罗素的书，他的爱情观改变了，他要给女儿充分的爱情自由，仅此而已。

林徽因先是躲着徐志摩，躲着他那深情的目光。如果说她对这位青年才俊毫不动心，那是假的，十六岁的花季少女，正是人生最诗意的季节，遇上这样一个才华横溢的英俊浪漫的男子，恰好触动了她心底的那片浪漫诗意。她渴望爱情，渴望一份不管是不是天长地久但刻骨铭心的爱情，渴望生活中有浪漫的事情发生。

林长民虽然是旅居欧洲，却有无数的事情要做。

深秋的一个雨天，父亲到瑞士国联开会去了。那雨一直下个不停，留下林徽因一个人住在空旷的大屋子里。

伦敦的阴雨天是很烦人的，雨下起来就没个停，阴雨绵绵的天气让本来就雾气蒙蒙的城市变得更加潮湿。林徽因独自一个人在房间里读书，房屋的空旷更显出清冷。读书累了的时候，她就透过窗子看外面，这座被雨雾笼罩的古老城市有种朦胧的诗意，但这诗意不是属于她的，父亲不在，而她在这里没有更多的朋友。

白天还好，夜幕降临的时候，昏暗中听着窗外滴滴答答的雨声，她会感到无限恐惧。天色渐晚，到了晚饭时段了。她能在自家租住的楼上嗅到楼下厨房里炸牛腰子和洋咸肉的味道。肚子已经咕咕叫了，她草草地为自己做了饭，独自一人坐在偌大的饭厅里慢慢吃着，昏暗的灯光下，那细细的咀嚼声可以帮她壮点胆。

饭厅里的餐椅很高，是专为西方人设计的，林徽因坐上去，腿在半空垂着，脚够不到地板，她就那么垂着两条不着地的腿，还有两条垂肩的发辫，吃一会儿饭，发一会儿呆，然后再委屈地用嘴咬着手指头哭一会儿。此时她特别希望有清脆的敲门声，有浪漫的事情发生，有她喜欢的浪漫聪明的人坐在对面和她慢慢交谈彼此喜欢的话题，一同坐在楼上的火炉边，让这个人来给她讲故事。

这个人会是谁呢？徐志摩浪漫且聪明，他是林徽因喜欢的那个人吗？

伦敦十月凉飕飕的风雨中，徐志摩的心中一团火热，他正在向爱情进发，不管这个少女是不是爱他，接受他，他都要用自己的热情去温暖她，感化她。

徐志摩的出现，让伦敦的凄凄阴雨天变得不再寒气逼人，林徽因接受了他的友谊，但是，对他的爱情她没有一并接收过来。她不知道自己是不是爱他，所以，只把他当作自己的蓝颜知己，一个无话不说的蓝颜知己。她对他的感情，不像对长辈那般谦恭，不像对兄长那般拘谨，不像对情人那般开放；有时候她觉得他就是长辈，有时候她觉得他是哥哥，有时候又觉得他们像一对情侣。

这感情有些暧昧，徐志摩全身心地爱着她，想剥除其中的暧昧气息是不可能的。有他在，林徽因的生活变得丰富多彩。

他其实是会哄女人高兴的。远在故乡的张幼仪一直以为她嫁的男人不会说笑话，不会讨女人开心。在林徽因面前，那些他不会的现在都会了。

他原来会讲故事，张幼仪没听徐志摩给她讲过哪怕一段儿故事。在雨中的伦敦，守着温暖的壁炉，徐志摩却能娓娓动听地给小女孩林徽因讲许多好玩的故事。

他原来也喜欢外出散步游玩，过去从来没有陪着张幼仪到任何景点游玩过。但是，他却陪着林徽因把伦敦许多景色优美的地方都走过了。

父亲到外面去忙着四处演说，林徽因有了徐志摩的陪伴就不再寂寞了。她很依赖这个大哥哥，他不来的日子里，她会觉得心里空落落的少了些什么；他来了，她的脸上便现出美丽的笑靥。

他们一起出去游玩，林徽因自己从来不敢去伦敦郊外，有徐志摩带着，她到过沙士顿小镇，去过郊外的田园，而剑桥大学的校园是他们去得最多的地方。

康桥小河边，是他们经常散步的去处。混迹在那些情侣们中间，他们也是挽着手，倚着康桥的石栏，轻声漫语地交谈，谁分得清他们是感情亲密的恋人还是一对情投意合的知己呢？谈累了，他们就那么静静地站在河边，倚在桥栏上向西天凝望，天好的时候能看到天边的云彩。他们就这样倚暖了石栏的青苔，看够了凝静的桥影，数遍了螺钿般的波纹。另一个项目，便是去河中划船，最别致的长形撑篙船虽然有特点，但是徐志摩划不好，带着心爱的女子就更不敢划了，船翻了落到水里怎么办，所以只能划普通的双桨划船和轻快的薄皮舟。

身边这位小美女的一颦一笑，都让徐志摩无比心醉，她"可爱的梨涡，／解释了处女的梦境的欢喜，／像一颗露珠，／颤动的，在荷盘中闪耀着晨曦"，他彻底醉了，彻底遗忘了家中自己的妻儿。

每次见面，徐志摩都有新的话题，从徐志摩那里，林徽因也被感染上一些诗人的浪漫。从后来她的许多诗作中，足以看得到受徐志摩诗歌影响的痕迹。

徐志摩的爱情是轰轰烈烈的，林徽因则是若即若离地参与其中。毕竟，在伦敦这个雨雾之都，在美丽的剑河之畔，在景色优美的康桥，都曾留下他们翩翩的身影。

这是徐志摩生命中的第一个红颜知己，他诗人般的情怀沉溺其间。

此时，在遥远的故乡，一家人正牵挂着徐志摩，他们不会料到独在异国他乡的远行人在伦敦找到了爱情。

在徐志摩离开故乡，离开祖国的那段时间，中国大地上迎来了一场轰轰烈烈的五四运动。经过这场运动的涤荡和洗礼，许多封建传统观念都在变，爱情观婚姻观也开始发生变化，那些变化，连对政治并不敏感的张幼仪也感觉到了。运动波及全国各地，徐申如暂时关掉了他们家在上海的几家店铺，回到老家硖石，每天从报纸上关注外面的动态。公公看完的那些报纸张幼仪也悄悄看了，她也在关注这场运动，关注传统婚姻观念的新变化。她之所以对这些很敏感，是因为她始终对自己和徐志摩的婚姻没有安全感。

徐志摩初到伦敦的那年秋季，张幼仪在冥冥之中似乎也预感到了什么。徐志摩很久不来信了，长长的寂寥之夜，她经常会想起徐志摩对她说过的一段话。他说，全中国正在经历一场变局，不再屈从于旧习俗，也许，将来他要向这些使他无法依循自己真实感受的传统挑战，成为中国第一个离婚的男人。说这些话的时候，他在房间里踱来踱去，像一只关在笼子里的困兽。

他说这些话的时候，张幼仪就当笑话听，她根本就没把徐志摩的疯话当作一回事。她暗想，你凭什么和我离婚？但凡被休回娘家的女人，都是不贞洁，善忌妒，不孝敬公婆的，我一不养野汉子，二不忌妒什么人，三不惹公婆不高兴，好好的你哪有理由离婚。再说，她觉得徐志摩也不敢离婚，为了徐家的脸面也不敢，如果闹离婚，徐家老爷太太的脸往哪儿搁？

不过，现在，她心里有些吃不住了，他已经远离中国，到了自由自在的国外，会不会不声不响就讨了新的女人？眼下，连国内都在闹学生运动，青年学生们上街示威，要推翻传统，打倒孔家店，自己和徐志摩的传统婚姻怕是要走到尽头了。

如果真的离了婚自己怎么办，听说女人如果被男人休了，娘家怕丢人是不会接纳她的，那么这个女人的未来会很悲惨。她听说过一些被休掉的女人，她们的出路只有三个，卖娼当妓女，出家当尼姑，或者寻短见自杀。一想到这些，她就不寒而栗。

对徐志摩的猜疑搅得张幼仪心神不定，她不敢跟公公婆婆说，回娘家的时候就跟从欧洲回来的二哥说了。

二哥张嘉森沉默了很久，开口问："他很久没给你写信了吗？"

张幼仪点点头。

张嘉森皱着眉头自言自语："或许是出了什么岔子。"

张幼仪的心中便更加惶恐起来。

张嘉森又问："徐志摩来信要你去了没有。"

张幼仪又摇摇头。

"你应该去国外陪着他。"

张嘉森默默思忖着，他要寻找机会和亲家公提这件事，徐申如在上海有生意，经常到这边来，找个合适的机会，他要为妹妹说说这件事。

③

越洋寻夫，寻回一纸休书

柔弱女子的寻夫梦

外面的运动暂时消停下来，徐申如又回到上海打理他的生意。

张嘉森听说徐申如来上海了，便登门去看亲家公。

一阵寒暄之后，张嘉森用看似轻描淡写的口气说："妹夫最近在国外可好，没寄回书信吗?"

徐申如一脸愁容，唉声叹气道："家书倒是来了一封，说是又到英国了。"

"妹夫也走了两年多了，如果他继续在国外读书，依卑侄之见，倒不如让张幼仪跟着一起去。如果她继续留在硖石的话，恐怕他们两个人的心就越分越远了。"张嘉森的话看似漫不经心，却句句有分量。徐申如听明白了，人家张家对自家的女儿不放心了，怕被不靠谱的徐志摩甩了。

其实，徐申如自己也有这个担心，只是徐志摩是自己的儿子，不能说出来而已。但是，让张幼仪到国外去，非常不现实，这个女人没上过多少学，别说去国外，就是在国内的大城市里，也不认得东西南北。再说，他们也不想让儿媳妇知道太多的事，长更大的本事，有更大的见识，眼界宽的女人不好糊弄，以后就难管理了。

徐申如赔着笑对张嘉森说："媳妇哪出得去啊，她要在家和老太太做伴，另外还得照顾娃娃，孩子还小啊。"

张嘉森不好把话说得太强硬，便迂回着说："亲家叔公你再考虑考虑吧，我今天提这个建议也是为你们徐家着想，毕竟这是你徐家自己的事。"

徐申如答应好好考虑考虑。

要不要让张幼仪去国外陪着徐志摩，徐申如回到硖石后，和张幼仪的婆婆也说起这件事，他们一时也拿不定主意。

张幼仪等了几天，看公公婆婆没有跟自己提起去欧洲的事，就感觉，这事大概没有可能了。

没有可能的事就不去想它了，日子总还是要过下去的。

恰好族里有几个待嫁的女孩请了老师给她们上课，张幼仪闲着也是闲着，就跟着她们一起听课，虽然课程不是很系统，却也能学到不少知识，她很满足当下的现状。远在国外的徐志摩爱怎样就怎样吧，眼不见心不烦，反正现在自己还是徐家的媳妇。

就在张幼仪已经对去欧洲的事彻底不抱希望的时候，那天，婆婆突然对她说，让她去英国找徐志摩。

张幼仪以为自己听错了。

婆婆说，她和公公已经商量好了，刚给徐志摩寄去一封信，就是告诉他，过些日子就让张幼仪出发，到英国和他团聚。

张幼仪喜出望外，高兴过后，她看着两岁多点的儿子，又发愁了：孩子怎么办？带他一起去吗？

婆婆说，孩子还太小，又是坐船，又是坐车的，怕他吃不消，还是让他留在家里，由自己照看吧。

张幼仪又陷入另一种纠结中。

这边，她舍不下两岁的儿子，孩子还小，从来没有离开过妈妈。或许知道妈妈要远行，他童稚的眸中充满忧虑。虽然知道这孩子是爷爷奶奶的掌上明珠，他们会格外疼爱他，但张幼仪心里就是放不下。

那边，她又不放心远在英国的徐志摩，本来两个人就没有感情基础，那个人现在像断了线的风筝，如果不去把这个风筝找回来，也许就永远无影无踪了。

要走就尽快走，免得夜长梦多。

但是，公公说，要先给徐志摩去封信，和他说一声。

张幼仪知道，这个所谓的说一声，其实是征求徐志摩的意见，如果他坚决不同意，这边再折腾也是白搭。

　　不但公公给徐志摩写了信，就在同时，二哥张嘉森也寄出了一封信，两封信的语气态度不太一样，不过都是在给徐志摩施加压力，让张幼仪去英国找他。

　　信寄出去了，张幼仪焦急地等回信。

　　等啊等啊，经历了很漫长的等待，徐志摩终于回信了。父亲的旨意徐志摩不敢违抗，以大舅子的名望他也不好驳他的面子，于是便草草回了一封信，表示同意张幼仪去英国：

> 　　即今玢媳出来事，虽蒙大人慨诺，犹不知何日能来？……儿自到伦敦来，顿觉性灵益发开展，求学兴味益深，庶几有成，其在此乎？儿尤喜与英国名士交接，得益倍蓰，真所谓学不完的聪明。

　　有了这封信，张幼仪的心里也踏实了。

　　一切都已经准备好了，就等着出发了。公公婆婆又不放心张幼仪一个人去，这又不是回趟娘家，也不是去趟上海、北平，这是去遥远的外国，别说是没见过任何世面的张幼仪，就是驰骋商界的公公徐申如，一个人去那么远的地方，也觉得没把握。他们要等待有了同行的旅伴，再送她上船。

　　好在很快就有了同行者，西班牙领事馆的一个中国家庭准备去马赛，张幼仪正好和他们做伴，搭乘同一艘轮船出发。

　　此时已是寒冷的深冬，那家同行者是一对夫妻带着两个孩子，和谐幸福的一个小家庭。融入他们温馨快乐的氛围中，张幼仪不由自主会想起自己的家，若是徐志摩也像这位先生对太太那样对自己恩爱有加该多好！他们一家三口本来也可以这样的。可是，结婚五年了，他们的关系总是别别扭扭的。她一直试着了解他，接近他，并努力学习，努力提高自己的素质，别让自己和他的差距拉得太远。岂料她越想靠近，他却走得越远。

这艘船要在海上航行很久，所以，一艘船上的人就像一个大家庭，两天下来，大家就混熟了。

他们到国外去，有各种原因。听说张幼仪是去英国找丈夫夫妻团聚，人们都祝福她，说她有福气，找了个好丈夫，她丈夫对她太好了。

张幼仪笑着接受大家的祝福和赞美。她的丈夫对自己好与不好，只有她自己知道，她的丈夫并不希望她去找他，只是迫于父母的压力勉强答应的。此一去，还不知道见面之后两个人会是怎样的尴尬。

入夜后，在茫茫大海上的夜空之下，躺在船舱里，听着外面的波涛声，张幼仪一遍遍设想着他们见面的情景。见面的时候，她会说些什么？徐志摩会说些什么？她一次次地修改自己的设想，最后决定，见了面自己就保持沉默，一句话都不说，他不是说自己是乡下土包子嘛，万一一说话露了怯，就更麻烦了。

轮船在海上走了很长时间。张幼仪感觉那是一种漫长的不见终点的旅行，早上睁开眼，还在海上，晚上日没西山夜幕沉沉了，依然在海上，外面的景色永远是毫无变化的海天一色——出一趟国太不容易了！她想，幸亏听了公公婆婆的，没带着儿子一起来，这一路的颠簸，儿子吃不了这样的苦。

不知道走了多久，船上的游客们说，已经走了三个星期了，马上就到马赛港了。张幼仪立即打起精神，她从甲板上返回船舱，换上一套自认为最漂亮的西洋风格的服装。她要把自己打扮得漂漂亮亮的，让他看了挑不出毛病。

轮船终于驶进马赛港的码头，船上的人们都从船舱里出来走上甲板，张幼仪也站在甲板上，翘首望着码头。她看到了，徐志摩在那里。

> 我斜倚着尾甲板，不耐烦地等着上岸，然后看到徐志摩站在东张西望的人群里。就在这时候，我的心凉了一大截。他穿着一件瘦长的黑色毛大衣，脖子上围了条白丝巾。虽然我从没看过他穿西装的样子。可是我晓得那是他。他的态度我一眼就看得出来，不会搞错的，因为他是那堆接船的人当中唯一露出不想到那儿表情的人。

这是张幼仪回忆中那天徐志摩来接她的情形。

张幼仪满腔的热情一下子被徐志摩这冷冰冰的表情浇灭了。这是她记忆中的徐志摩特有的表情，两年多没见她几乎忘记了，看到他第一眼，立即又被她温习了一遍。对的对的，徐志摩就应该是这个样子的。

她提前和船上的同伴们道了别，包括同行的西班牙领事馆那一家人，她不想让他们看到丈夫的冷漠，如果他们看到了会嘲笑轻视自己的，一个不被丈夫喜欢的女人，没人会看重她。

收住所有的快乐，张幼仪在晕眩中上了岸，经历了二十多天的航行，她到了岸上还是感觉到依然在船上，脚下的土地似乎还在晃动。此时，她多需要一双有力的臂膀扶住她，把她拥到怀里。

徐志摩冷冷地说声来了，并不多说一句话，张幼仪木呆呆地跟在他身后，她不知道他要带她去哪里。

他不是在英国吗，这里是法国，应当离英国还很远吧。

张幼仪发现，他带她去的地方是火车站。

进了车站的候车室，徐志摩才告诉她："先不回英国，我想看看巴黎。"

张幼仪点点头，她也想看看法国的巴黎，虽然累些，心里还是乐意的。所以，到了火车上，她主动对他说了些家里的事情，关于公公婆婆，关于儿子，还说了些她这一路上的旅途见闻。对前面说的家里的情况，他还是很感兴趣的，对于张幼仪旅途上的那些事他就听得心不在焉，有些不耐烦了。

张幼仪从他的脸色中察觉出来，便就此打住，不再说了，只是默默地看车窗外的风景。外面的景色和自己的故乡看到的不一样，建筑不一样，原野也不一样，看着看着，就到了巴黎火车站。

从火车站出来，他们漫无目的地行走。徐志摩的目光一直在看街道两边的店铺，突然他眼睛一亮，示意张幼仪跟着他走。

张幼仪像一只木偶，跟在他后面进了一家店，进去才发现，那是一家百货店。她不解，悄声问："要买东西吗？不如走的时候再买，拎着到处走多沉啊。"

徐志摩嫌恶地扫她一眼："先给你买身衣服，你穿得土里土气的，怎么见人？"

张幼仪低头看着自己身上的衣服，分辩说："这衣服还土啊，这是我在硖石最好的服装店买的最好最时兴的衣服，船上那些女人身上穿的都没有我这衣服好看呢。"

徐志摩打住她的话头："你懂什么好看难看，买好衣服一会儿把这身马上给我换下来。"

张幼仪机械地点点头，随他来到服装柜台前，看着他和售货小姐帮自己选衣服。他们把那些样式奇特的外国服装在自己身上比来比去的，徐志摩咿里哇啦和售货小姐说着自己根本听不懂的外国话，他们说的是哪国话，张幼仪听不明白，听着不像英语，临出国前她匆忙学了几句英语，不似这个样子。她猜想这里是法国，大概是法语。徐志摩居然还会说法语，真像哥哥们说的，他就是奇才，忽地，张幼仪心里又生出一丝骄傲感，不管他是不是喜欢自己，自己是他的妻子，有这样一个优秀的丈夫，就是自己骄傲的资本。

这是这辈子徐志摩陪张幼仪最认真的一次逛商场，每一件衣服在张幼仪身上比量的时候，徐志摩都上下把她冷冷打量一番，不时摇摇头把比量的那件衣服拿掉，换上另一件。

甚至，他还亲自拿着一件衣服贴在张幼仪的身上，他的手触到了张幼仪——她顿感一惊，因为这手已经两年多没碰到过自己了。

最终，选下一套修长的洋装，一双丝袜，一顶带檐的帽子，甚至还买了一条精美的项链。衣服很贵的，张幼仪看到徐志摩从贴身的钱夹里掏出一沓花花绿绿的钱。

新衣服在商场的试衣间就换上了，镜子里的张幼仪像变了一个人，她站在那里看着里面的自己，连她都有些不认识自己了。

徐志摩脸上终于显出一丝笑容。

下一站，他带着张幼仪去旁边的一家照相馆，照了几张相。这照片是要寄回国内给父母看的。

高鼻子蓝眼睛的摄像师让他们两个人坐在不知多少人用过的背景墙前面，说着张幼仪听不懂的话，张幼仪猜想，大概就是让他们笑一笑，靠近一些之类的，但是她笑不出来，徐志摩也笑不出来。后来照片洗出来，表情比她预想的要好很多，两个人还算自然。

这张合影后来寄回了家，让家中的父母放心地知道自家的儿子媳妇在国外很幸福。不过，在他们收到照片一年后，两个人就离婚了，父母的心又重新提起来。

在巴黎简短的逗留之后，他们坐上了从巴黎去伦敦的飞机。

这个航班刚开通一年，许多人还不敢坐。事实上，坐火车也很方便的，他们又不急着赶那点时间，完全可以不坐这个小飞机。可徐志摩就是喜欢新奇，他对坐飞机情有独钟，从来不考虑其中的危险性。最终，他还是在十年后把命丢在了飞机上。

这是张幼仪平生第一次坐飞机，她新奇地走进机舱，才发现，原来飞机这样小，座位的空间小得必须和坐在对面的两个人的腿交叉着才能坐开。徐志摩就坐在张幼仪对面，所以，他们只得两膝交叉面对面坐着。张幼仪很不习惯，徐志摩看上去也是一副不很情愿的样子。

一上飞机，张幼仪的腿就有些痒，她就去挠痒的地方。在海上航行二十多天没剪指甲，指甲太尖利了，把新买的黑丝袜抓出了一个破洞，她急急地用手去堵，可是哪能堵得上呢？她尴尬地看着徐志摩，一双脚不安分地扭动着。徐志摩把自己的腿往一边移了一下，丢给她一个白眼。

飞机起起落落的时候，平衡性比较差，张幼仪晕机了，乘务人员递给她一个纸袋，让她吐在那里面。张幼仪接过去，恶心地呕吐起来。她这个样子让徐志摩很嫌恶，他紧皱着眉头，把脸扭到一边，冷冷地说："真丢人，你真是个乡下土包子。"

张幼仪也觉得自己很丢人，很不争气。她吐过之后，很不自在地坐在那里，这个小飞机容不下多少人，机上貌似只有她一个人在晕机呕吐。再反胃的时候，她便极力克制自己，可她发现自己根本克制不住。

那天的飞机或许因为遇到了云层，一直在颠簸。渐渐地，飞机上又有人忍不住要吐了，徐志摩也顾不得矜持，哇哇大吐起来。张幼仪在他耳边用报复的语气悄声说："原来你也是个乡下土包子。"

徐志摩顾不得和她计较，他已经吐得稀里哗啦了。

飞机总算安全降落在伦敦机场。徐志摩的两个朋友来接机，他们对这种小飞机还有恐惧心理，从来没坐过，就问徐志摩坐飞机的感受如何。此时，张幼仪才知道，原来巴黎和伦敦通航不久。早知道是这样的航班，她才不冒险去尝试呢。

两个朋友对刚刚从国内来的徐志摩夫人似乎没有多大热情，徐志摩也没向张幼仪介绍这两个朋友的姓甚名谁，他们三个人边走便用英语交谈，完全把张幼仪排除在这个团队之外。

张幼仪很奇怪，这些人怎么都像徐志摩一样怪怪的，几个中国人在一起，干吗不用中国话交谈？

他们说的什么张幼仪听不懂，大约，他们就是想不让她听懂。

他有什么不想让自己知道的秘密吗？张幼仪忍不住这样猜疑。

到了徐志摩住的地方——伦敦一个中国人聚居的俱乐部。对徐志摩带回来的这个女人，他的朋友们的目光中都显露出意想不到的惊讶。张幼仪就想，徐志摩是不是没告诉朋友们他已经娶妻生子，他们还以为他是单身男性，怎么突然就冒出来了一个中国妻子呢？

如果仅仅是这样，也没有什么不正常。不过，从方方面面的迹象来看，事情好像比这个要复杂一些。怎么个复杂法，张幼仪一时还没搞明白，她想，她慢慢会弄清楚的。

小脚和西服不搭调

伦敦的冬天不像张幼仪在国内时候想象得那么冷，甚至她感觉比硖石的冬天还要温暖一些。树上的叶子已经落了，但外面的草地始终是碧绿的，天空晴朗的时候不多，经常会飘落一些雨丝，不下雨的时候，也总是笼罩着雾气。

当然天气也有晴朗的时候，但她总感觉天上的太阳懒洋洋的，总也升不高。她是个勤快的女人，不喜欢睡懒觉，每天按照在国内的时间早早就起床了，起来发现外面还黑咕隆咚的，到了早上八点天还没完全亮，但是下午早早地天就黑了。

住在中国人俱乐部里的人们都很忙碌，每天匆匆忙忙地进进出出，徐志摩也是这样，张幼仪发现，自己是住在这里最没事做的一个人。

这里不像硖石，没了公公婆婆的看管，她可以自由自在出去逛街了。在硖石的时候，她天天盼着离开那个禁锢她的内院，到外面去透透气，如今可以随意出去了，她反倒没了出去的心情。伦敦的街景有多美她很少去看，这里的大商场她也很少去，她依然像在碛石一样，宅在室内，等着徐志摩回家。

那段时间，徐志摩在忙自己的事情，经狄更生介绍，他成为剑桥大学的特别生了，有许多手续要办。徐志摩整天忙进忙出，每次出去的时候，张幼仪在那个位置坐着，回来的时候，她也还在那个位置坐着，她似乎每天都永远不动地钉在那个地方了。徐志摩回来的时候，经常是无视她的存在。偶尔，会用惊讶的眼神看她一眼，仿佛在说，你就不能换个新鲜的姿态，或者消失一次。

她也觉得自己每天就坐在那里等徐志摩有些傻傻的，可是，上了街不照样傻傻的吗，英国话她不会说，也听不懂，那些街名地名什么的她也看不明白，出去远了，怕是回都回不来。

徐志摩每次出去的时候，都把自己打扮得很精致，他穿着浆得笔挺的尖领衬衫和钉了三个扣子的毛料夹克，精干洒脱，举止潇洒。他喜欢在指间夹着一根香烟，说话和姿态都很西洋化，连吃的东西都很洋化，他不喝中国淡茶，而是喝咖啡或者加了糖和奶的淡色浓茶。

张幼仪能感觉到，他们是生活在两个不同的世界。她是一个传统的，没读过多少书的典型中国家庭少妇，而他却是一个已经完全西洋化的贵族绅士。他在英国接触的那些层次的人她完全看不懂，他对她总是一脸的不屑，对她的存在明显感到很烦躁。每到黄昏，不得不回到这个住处的时候，徐志摩总是一脸抑郁的神情。他不喜欢这个女人，还要不得不尽丈夫的义务和她在一起生活，做爱，这让徐志摩心里烦透了。每当接触完她的身体之后，他就后悔，就恨自己没有定力，又败给了她的肉体，他想摆脱她，彻底摆脱她。

张幼仪对徐志摩的疑心越来越大。

那天，他们搭乘一辆公共汽车去南安普顿看望一位朋友，同行的还有一个人，他们坐在前面，张幼仪坐在后面，不知说到了一个什么话题，徐志摩示意张幼仪在后面，不让他继续说下去了。张幼仪就进一步印证了自己的猜疑，他有事瞒着自己，别的事也没什么好瞒的，唯有一件事他怕自己知道，就是他可能有女朋友。

即使想到这件事，张幼仪也没有想他和自己离婚，而是想到他会把另一个女人娶回家做妾。去南安普顿那天的路上，张幼仪便心绪烦乱起来，她想的是，如果徐志摩有女朋友，如果想纳那个女人为妾，自己该怎么办，作为原配夫人，自己应当表现得大度一些，不能明目张胆地反对，要欢迎小老婆入门，并为他们举行一个体面的婚礼。

胡思乱想了一路，从南安普顿回到住处之后，见徐志摩没有和她提过女朋友的任何事，她又放下心来，暗想，料他也不敢，他不提前和老爷太太通报，他们能答应吗。

很快，他们就搬到一个名叫沙士顿的小镇去居住。那个小镇离徐志摩就读的康桥大学六英里左右，与伦敦城里相比，小镇不但偏僻，各种设施也差很多。徐志摩对外说搬到这里离学校近，是为了上学方便，其实真正的原因是徐志摩在经济上遇到了困难，家里寄给他的钱让他挥霍得差不多了，又不好总是开口要，而小镇的租金比伦敦城里要便宜得多，可以节省不少开支。

沙士顿的冬天很冷，张幼仪觉得，这里比城里冷多了。他们租的小屋有两间卧室一个客厅，一间卧室做徐志摩的书房，另一间卧室用来住人。他们住的那条街只有三栋房子，其他季节，外面的景色应当还算美，房子周围近处有青草地，再远一些就是杂乱无章的荒芜草地和野塘了。这个小镇还不如家乡的硖石小镇，这里买什么都不方便，一切的家务都要靠自己来做，清扫房子、洗衣服、做饭、买日常用品，所有的家务活都是张幼仪一个人在做。她从小没做过这些事情，过去这些事情都是用人们去做，如今，在几万里远的英国，她不得不像一个女佣一样赶做粗活，一双纤嫩的手很快就变得粗糙不堪。

苦点累点她都能忍，让她为难的是，徐志摩给她的那点儿生活费不够支付家用，她必须精打细算，坐着公共汽车到更远的市场买些便宜东西，再大包小包扛回家。

对这些，徐志摩视而不见，他的心不在这些琐碎的事情上，他要读书，要写诗，还要浪漫，没有精力再管这个女人的事情。他大约认为，让她到这里来就已经是对她的恩赐，让她受点儿苦也算不上什么。谁让她偏偏要来呢，又不是自己把她请来的。

有一天，张幼仪坐在徐志摩对面，搓着一双粗糙的手，怯怯地说："我想学点儿东西。"

"学什么东西？"徐志摩正看一本英文书，他的目光并没有离开书本，只是漫不经心地说。

"我想学英文，在这里语言不通，出去买东西都费劲。"张幼仪低声说。

徐志摩这才想起张幼仪不会说英语，在这里生活确实有诸多不便，一些日常用语还是应当让她学学。他沉吟了片刻说："也好，抽空我给你请个英语老师。"

得到准许，张幼仪快乐得像个孩子，脸上露出开心的笑靥。

英语老师请来了，是个女老师，从字母教起，字母表学完了，又学了一些简单的日常会话。学习的过程也不是多么快乐，这个女老师每次来上课，都要先抱怨半天，她住的地方离这个小镇太远，到这里来她要走很远的路，所以，教了没多长时间她就辞职不干了，张幼仪的英语学习到此也就结束了。徐志摩没有再提给她找新的家庭教师的事，她也没再学，就用学到的那点儿口语，对付到他们离婚后她离开英国。

徐志摩每天早出晚归的，他有一辆自行车，平时骑着自行车到伦敦城里去，偶尔乘坐公交车。

家里只剩下张幼仪，日子很苦，很寂寞，这些她都不怕，只是，不知道这样的日子什么时候是个头。她本来到欧洲是想学点儿知识，也像徐志摩那样熏一熏民主自由的洋风，让自己从此摆脱土包子的形象，没想到，在这里却沦为了女佣。如果早知道是这样，还不如就待在硖石的家里，做大门不出二门不迈的女人。

徐志摩做事历来不按套路出牌。张幼仪某日外出采购，回到家，却发现徐志摩带了一个人回来。徐志摩给她介绍，这个人叫郭虞裳，马上要搬到这里和他们住在一起。

他连商量都没商量就把人带来了。张幼仪只能赔着笑表示欢迎，事已至此，不欢迎也得欢迎了。

她赶忙把书房腾出来，新邻居要住在那里。

这是一个单身男子，当然，是不是在国内有家室她不知道，至少在伦敦他是一个人。这些漂泊在外的人，看上去都像是没有家室的样子，就像徐志摩，在她到伦敦之前，所有的人都以为他还没有结过婚，是未婚男青年。

多了一个房客，可以和他们一起承担一点儿租金，不过，生活上也就多了许多不方便，张幼仪的家务劳动量就更大了。现在，他不但要伺候一个徐志摩，又增添了一个陌生人。过去，她只烧两个人的饭菜就够了，如今得烧三个人的。当然，这个叫郭虞裳的房客住进来可以解除她一些寂寞，他基本上窝在卧室里读书，读书累了的时候，可以陪着张幼仪到外面散散步，张幼仪自己是从来不到外面散步的。家里多了一个人，气氛也比徐志摩和张幼仪两个人的时候活跃多了，所以，张幼仪怀疑，可能是徐志摩不想和她大眼瞪小眼地独处，故意招一个房客，让他们僵持的生活局面轻松一些。

不管生活多么贫困潦倒，徐志摩永远保持自己的光鲜仪表，浆得笔挺的尖领衬衫一定要穿上，毛料夹克也必须熨烫得平平贴贴，咖啡也还是要喝的。还有一点是最让张幼仪百思不解的，每天早晨，就算他不去康桥校园上课，不去伦敦城里办事，也要到家附近不远的一个理发馆去理发。

再讲究的人，也用不着每天理发啊。

张幼仪对这件事非常不理解，她也曾向徐志摩嘟囔过："现在日子过得这样难，你在家简单剪剪头发就算了，把那笔钱省下来多好。老爷的支票还不知道什么时候寄到，我们得省着点儿过日子。"

徐志摩不置可否，对她说："我看你越来越像乡村主妇了，唠唠叨叨的，你懂什么？"

张幼仪赶紧闭了嘴，她确实觉得这里的许多事情她看不懂。

沙士顿了无生机的冬天总算熬过去了。春夏的景色很美，室外绿草茵茵，满田的青草黄花在风中摇曳，外面那灰色墙边栗树的浓荫遮盖了半边院子，零乱的栗花静静飘落满地，远处一段残破的墙垣在美景中也多了几分生动。不时有美发罗裙的少女们在外面走过，对门邻居家那位白须白发的老人在浇菜，浇满园的玫瑰花，老夫人穿着蓝布长裙站在园篱边微笑着看着她忙碌。

如果这辈子就在这个地方这样过下去，守着他，守着这份鸡肋般的婚姻爱情，其实也很好，张幼仪有时候这样想。

她发现这个夏天她特别爱疲惫，每天都睡意沉沉的，而且胃口也不太好，刚吃完饭，就恶心呕吐。

凭着经验，她发现，自己怀孕了。

又有一个小生命要到来了，她却是忧心忡忡，怀了孕怎么办，这里不是硖石，在异国他乡，自己挺着一个大肚子怎么做家务？是不是会回硖石生下这个孩子。

她忍了好几天，才找机会和徐志摩说这件事。

徐志摩听到这个消息后的反应，张幼仪一辈子都忘不掉，几十年后，回忆起那一幕，她犹然记得清清楚楚：

> 徐志摩听了立刻说："把孩子打掉！"
>
> 我这辈子绝对没有料到我会得到这种反应。就我所知，打胎是有生命危险的，只有濒临绝境的女人（有了外遇，或者家人快要饿死，喂不饱另一张嘴），才会冒险打胎。
>
> 于是我说："我听说有人因为打胎死掉了。"
>
> 徐志摩冷冰冰地答道："还有人因为火车事故死掉呢，难道你看到人家不坐火车了？"说完就没耐心地别过脸去。
>
> "可是我要去哪里打胎？"我问。
>
> 他摇摇头说："你会找到地方的，这种事在西方是家常便饭。"

透过沉沉的历史光影，回放这个瞬间，那时的张幼仪正无助地流着眼泪，她被他的话惊呆了，怎么可以打胎，他居然能想到打胎？

这之后，张幼仪的心情糟透了，她在这里没有朋友，不知道该对谁叙说心中的烦恼，不知道这孩子是不是该打掉。在他们家不远的地方还住着一家姓胡的中国夫妇，女的也在康桥读书，她每天都穿过张幼仪住的后院去学校上课，于是，张幼仪装作在阳台上晾衣服，等着胡太太走过，她想在这里她便是最近的人了。

看到胡太太走过来了，张幼仪招了招手，她便靠上前，斜倚着阳台栏杆，听着张幼仪倾诉。

听说张幼仪咨询打胎的事，她漫不经心地告诉她："伦敦刚成立了一家节育诊所，可以去那里打。"

张幼仪以为她听到打胎两个字会像自己一样大惊小怪，可这个女人却是一副见怪不怪的样子，而且她还建议她去法国打，说是在法国打胎比英国安全，好像她打过多少次胎似的。

张幼仪无语了。看着胡太太远去的背影，她想，有知识有文化的女人就是和自己不一样，眼界就是宽，心也比自己宽许多，女人怀孕打胎这样的事情在她眼里根本不足挂齿，受过西方教育的人想问题的角度和自己不一样，思想观念也不一样。难怪徐志摩总说自己是小脚女人、土包子呢，或许这一次真的是自己错了，徐志摩是对的。看来自己和徐志摩之间的差距越来越大，要不我就顺着他？

仔细想想，徐志摩既是哥哥们看上并欣赏的男人，想来应该还是他站得高看得远。在国内的时候，二哥总说，这是一个变革的时代。既然一切都在变革，张幼仪觉得自己的观念也得变一变了，好歹也在西洋住了这么长时间了，观念也得跟上趟。

她已经暗下决心，如果徐志摩再提打胎的事，她立即就去打，她可不想让他总认为自己是小脚女人，本来自己就不是那种封建的小脚女人。

给我一杯忘情水

后来不知为什么徐志摩再也没有提打胎的事，也许他忙忙碌碌的根本就顾不上，也许他觉得反正孩子不在自己的肚子里，要生要打都由张幼仪自己决定就好了。就这样，一晃，又是两个月过去了。张幼仪的肚子已经鼓了起来，已经能看出孕妇的笨重了。

沙士顿的初秋来临了，秋日的小镇天高气爽，这里的天空比近在咫尺的伦敦要明净得多，晴朗得多。

9月的一天早晨，徐志摩起床后认真洗漱打扮一番，坐到餐桌前准备吃早饭，他端起碗刚要吃饭，像是突然想起这件事，便对张幼仪说："今天晚上家里要来个客人，她是从爱丁堡大学来的一个朋友，我要带她到康桥逛逛，然后带她回来和我一道吃晚饭，你好好准备一下。"

　　他们家从来没有来过客人，张幼仪对来客人这件事感觉很新鲜，她不知道那朋友什么口味，就随便问了一句："什么样的朋友？"

　　"一个女朋友。"徐志摩答道。

　　这件事不但是对着张幼仪说的，还当着邻居郭虞裳的面。

　　张幼仪以为自己听错了，便用求证的目光看郭虞裳，却发现他也是一脸的惊讶。看来自己没有听错，确实是徐志摩要带他的女朋友回家，这也证实了张幼仪一直以来的猜测，徐志摩在伦敦确实是有女朋友的。

　　张幼仪强忍住自己的慌乱和失态，语气中满是酸酸的醋意，她问："什么时间开饭？"

　　徐志摩说："早一些。"

　　"那就五点吧。"张幼仪很不情愿地说道。

　　徐志摩答应一声，便又去理发店理发了。

　　能把女朋友大张旗鼓地带回家，看来徐志摩是要和自己摊牌了，他想让自己和那个女人见上一面，然后让自己接受这个事实。不论是离婚或者纳妾，对张幼仪来说都是巨大打击，她怀着孩子，这孩子生还是不生呢？

　　徐志摩宣布完他女朋友要来做客的消息后，张幼仪的心彻底被搅乱了，她的脑子一片空白。"女朋友"这个称谓，对于那些在洋学堂留学的女学生们来说，可能算不得什么。张幼仪则不同，从没登上出国轮船的时候起，她就纠结于徐志摩是不是在外面有女朋友。走出国门之后，她一直在悄悄侦探，徐志摩的女朋友在哪里，在她心目中，这个"女朋友"就是第三者。

徐志摩不打自招，居然还要带着女朋友回家，居然一点儿都不背着人，这还了得，西方的男女关系原来这么自由啊。

在"女朋友"这个敏感词面前，张幼仪的心情从早上开始就变得浑浑噩噩，那一整天她都面临着徐志摩女朋友的威胁，以为要和徐志摩准备娶来当二太太的女朋友见面了，她的脑子里一直在猜测：那个女人长得什么样，她一定很年轻很漂亮，会讲流利的英文，也可能和徐志摩一样雅好文学，她正在英国一所大学读书，所以一定比她有学问，他们志同道合。她是哪里人呢，家人是谁，她家兄弟是什么人，做什么事，这一点在张幼仪看来很重要，她觉得娘家人是给女人撑腰的，如果她的兄弟只是一般人，或者她根本就没有兄弟，那么，她在自己面前或许就不能取胜，因为自己毕竟还有一帮实力雄厚的哥哥弟弟。

那一天，张幼仪一直在做打扫卫生、买菜、准备晚饭的事情，可不论做什么，她都丢三落四地心不在焉。她想象着自己和那个女人见面后的尴尬局面，这个女人说不定在不久的将来，就会被徐志摩娶回家，或者代替自己，或者成为小老婆。张幼仪认为，成为二太太的可能性比较大，因为她已经给徐志摩生过儿子了，他是不可能把她休掉的，这样一来，将来她不但要每天和自己见面，还要生活在同一个屋檐下，共同伺候同一个男人。作为大老婆，自己就要表现得姿态高一些，不能在人家刚一进门的时候，就像妒妇一样。

她把晚上即将出现的那个假想敌前前后后想了一天。傍晚，徐志摩回来了，身后跟着一个女人。

张幼仪虽然心生妒火，还是忍不住上下打量了徐志摩的这个女朋友一遍：她外表比自己并不年轻，头发剪得短短的，擦着暗红色的口红，穿着一套毛料海军裙装。这个样子，在当时的伦敦还是很时尚的，不过，当张幼仪顺着她那穿着长袜的两条腿往下看的时候，在穿着丝袜的两条腿下，她居然瞧见一双挤在两只中国绣花鞋里的小脚。

竟然是小脚女人啊，张幼仪惊讶徐志摩带回来的女朋友原来是裹了脚的，她在徐志摩眼里虽然不算新式女人，至少长着一双天足。

这个女人便是刚从苏格兰爱丁堡大学毕业，即将回国的袁昌英，那年她二十七岁，的确比张幼仪大好几岁。她小时候裹过脚，后来又放开了，不是那种完全意义上的小脚，属于"解放足"。她是徐志摩的好朋友，但不是特指的那种女朋友。

袁昌英很新式，也很淑女，袁昌英的好友苏雪林在《记袁昌英女士》中曾写道："那可是一位典型的英国式'淑女'了。听说英国上流社会最讲究礼貌，所以我们的昌英女士礼貌颇为周到，仪容的整饬更为注意，头发梳得一根不乱，衣服熨得平平正正，不容有一丝皱痕。有时候，她似乎想拿仪容之整饬与否判定人品之高下，这就苦了我这个不修边幅的人了。"

一个很讲究的新式小脚女人，这是张幼仪对徐志摩女朋友的印象，她看到这个女人那双小脚的第一眼，就认定了她不是徐志摩的情人，不管她看上去衣饰多新潮，她认为，"徐志摩的女朋友是另一位思想更复杂、长相更漂亮、双脚完全自由的女士。"

因为自己有一双比那个女人大很多的大脚，那天晚上，张幼仪的腰板挺得很直，她有些鄙视徐志摩了，来伦敦两年了，难道来国外就是为了找小脚女人？天天喊自己是"乡下土包子"，可他的女朋友也不过如此。

吃过晚饭，徐志摩把他的女朋友送回到火车站，回来的时候，正在洗刷餐具的张幼仪一脸傲气理都没理他，弄得徐志摩都有些不知所措了。

徐志摩想听听张幼仪对他这个女朋友的评价，张幼仪忍不住实话实说了："她看起来很好，可是小脚和西服不搭调。"张幼仪的语气中带着浓浓的嘲讽成分，让徐志摩很没面子，他没想到她在自己面前还敢这样评价他的朋友，所以失态地气急败坏地尖叫道："我就知道，所以我才想离婚。"

天天把离婚挂在嘴边上，吓唬谁呢。张幼仪看着他在那里暴跳如雷，却只是悄悄从后门走到阳台上。

她想静一静，徐志摩今天晚上说出离婚两个字的时候，好像与别的时候不一样，或许，他想玩真的，今晚这个女子不是他真正的女朋友，他在伦敦一定有一个女朋友的，一定有，张幼仪相信自己的直觉。

张幼仪的直觉是对的，徐志摩一直深深爱着的那位思想更复杂、长相更漂亮、双脚完全自由的女士便是林徽因。因为张幼仪的到来，搅乱了他的生活，也搅乱了他的爱情，他不能像一个人在伦敦的时候那样，有空就去陪伴她，他们便靠书信来往相互联系。

林徽因写给徐志摩的书信，都寄到沙士顿理发馆对面的一家杂货铺中，所以，他每天早上都要急急忙忙赶到附近的理发室理发，为的是收发林徽因的书信。他们每天都要通信，这些信都是用英语写的。这件事张幼仪当时并不知道，后来才从别人口中知道了原来是这么回事，不过那时候他们已经离婚好几年了，她早已经知道了徐志摩的女朋友是林徽因。那些英文书信或许张幼仪也见到过，即使信件就摆在她面前，她也读不懂，徐志摩和林徽因之所以用英文通信，大概就是怕万一信件没藏好被张幼仪发现，惹来不必要的麻烦。林徽因的那些信都被徐志摩珍藏着，他把它们和自己的日记一起锁在八宝箱里，徐志摩坐飞机失事后，那个八宝箱曾经引来几个女人的争夺，因为那里面有她们与徐志摩的秘密。

毫无疑问，林徽因对徐志摩是充满依恋的，否则，她不会每天给他写一封信。徐志摩是她的初恋，是她生命中第一个爱的男子，尽管后来她不承认自己爱过他，但是，她的谎言骗不了自己的心。而且，她后来有意无意地也默默认可过这段恋情：

> 一方面我又因为也是爱康河的一个人，对康桥英国晚春景致有特殊感情的一个人，又似乎很想"努力""尝试"（都是先生的好话），并且康桥那方面几个老朋友我也认识几个，他那文章里所引的事，我也好像彻底明白……

张幼仪没有来伦敦的时候，徐志摩全身心投入到对林徽因的爱情中。张幼仪来了，他们的交往就也很落俗套地转为地下——他们不能无视那个土包子女人的存在，她是徐志摩明媒正娶的夫人，是带着任务替公公婆婆到伦敦来看管徐志摩的，她是徐家的钦差大臣。

林徽因早就知道张幼仪的存在，对这个女人，她有同情，也有歉疚。或许，徐志摩对林徽因描绘他妻子的时候，把她说成了一个非常上不了台面的又土又丑的乡下女人，一般有婚外情的男人都会这样贬低家里的女人，告诉别人自己娶妻不淑，这样可以博得一份同情，甚至爱情，也是为自己对婚姻的不忠诚开脱。所以，在林徽因的心目中，张幼仪的形象应当是很不堪的。

无论形象好或差，张幼仪都稳坐在徐夫人的交椅上。徐志摩再怎么爱恋林徽因，都绕不开这个女人，她和她肚子里的孩子，是他追求浪漫的绊脚石。

徐志摩和林徽因之间的关系，是不是到了谈婚论嫁的地步，是一直争议的焦点。先把是不是谈婚论嫁放到一边，他们之间的感情在后来其实已经是公开的秘密了，许多人都知道徐志摩爱上了林徽因，甚至，连林徽因远在国内的姑姑们都知道了。

姑姑们怎么会知道侄女在海外与一个已婚男子交往的事？除非他们真的有了谈婚论嫁的意向。

林徽因的姑姑们坚决反对侄女和徐志摩交往，她们给出的理由是：徐志摩是已经有了原配夫人的人，不能忍受侄女去给他当小老婆，即使他离了婚也不能嫁给他。在那个年代，离婚后大老婆一般不离开家，再娶回来的女人和小老婆没什么两样。林徽因本身就是林长民的小老婆生的，越是这种庶出的女孩，越不能给人家当小老婆，因为只有婚姻能改变她的命运。嫁给了徐志摩，会让别人耻笑——小老婆生的孩子，只能做小老婆——那么，林徽因这辈子在名声上也难打翻身仗了。

如果事情真的如此，那么，林徽因应当是个乖乖女，她听了家长的话，经过点拨之后恍然醒悟，徐志摩是有家室的男人，她必须面对现实。于是，她毅然斩断了对徐志摩的情丝。她本来就是个既浪漫又理性的女子，当浪漫占据主导地位的时候，她是个柔曼的女诗人；当理性占据主导地位的时候，她是个严谨的女建筑学家。

林徽因对徐志摩开始逃避，她逃避的理由是，你是有家室的人，如果和我谈情说爱，除非离婚成为单身男人。

徐志摩因此更是陷入到两难之中，他从和张幼仪结婚那天起，就想着离婚，只是惹不起父母。林徽因的态度无疑也是有道理的，一个纯洁美丽的少女，本来就该得到最纯最美的爱情。他和张幼仪之间的关系是该做一个最后的了断了。按照罗素的观点，没有爱情的婚姻是不道德的婚姻，他不能再混迹于这不道德的婚姻中，他必须当机立断，和张幼仪分开。

请袁昌英吃饭的那天晚上，张幼仪嘲笑完袁昌英，徐志摩就说出了自己想离婚的想法，这一次不像过去一样只是说说而已，他自己也当了真。

一个星期以后，徐志摩离开沙士顿的家，便不再回来了。

他突然消失了，像空气一样消失得无影无踪，他的衣服还在，洗漱用品还在，连读了一半的书还张开着放在书桌上，他却不再出现了。

居住在另一个房间的郭虞裳也不知道徐志摩的下落，和认识的朋友打听过，他们也不知道。这下子，郭虞裳比张幼仪还不知所措，他孤家寡人的，守着别人家的一个孕妇算是怎么回事啊。七八天之后，见徐志摩还是活不见人死不见尸的，郭虞裳慌忙收拾了一下自己的行装，一大早都没和张幼仪道别，就匆匆地逃离了这个地方。

徐志摩离开家，是下了决心要离婚。

先离婚，离了婚便去追求自己满心爱着的林徽因，他为自己的未来做好了打算。

眼下，先找了个地方住下，让自己安静下来之后，徐志摩便去找林徽因。当离他经常去的林家租住的那个地方近了时，他不由自主就放慢了脚步，想着见到她后该怎么说才好。轻叩房间的门，可是，那轻盈的脚步声却没有如期出现，藏在门后的美丽的笑靥也没如期出现！门紧紧闭着。或许，林长民和林徽因都出去了。

徐志摩等了一会儿，不见那父女俩回来，便沮丧地离开了。

他无论如何也想不到，林长民已经带着女儿回国了。

是的，林徽因走了。1921年10月，林徽因跟随父亲林长民提前回国。为了免生是非，他们临走前未向徐志摩辞行。

一段美丽的恋情无疾而终，一场诗意的邂逅终成梦影。

林徽因决绝转身，她以为她的转身，便可成全另一个女人一生的幸福，那个名叫张幼仪的温良女人为此会感谢她一辈子。但是，她错了，张幼仪不但没感谢她，还对她充满怨恨。她不恨后来嫁给徐志摩的陆小曼，却恨林徽因。她恨她的原因是，林徽因无情无义，既然拆散了他们的婚姻，就应该嫁给徐志摩才是；但是她把徐志摩耍了，让他为她伤情一辈子。离婚后的张幼仪依然把自己当成徐志摩的大老婆，林徽因、陆小曼这些女人，都被她很蔑视地看成后来的，作为大老婆，她要永远维护徐志摩的形象和利益。

林徽因对徐志摩在伦敦时对自己的感情，说过一句很有穿透力的话：徐志摩当时爱的并不是真正的我，而是他用诗

人的浪漫情绪想象出来的林徽因，可我其实并不是他心目中
所想的那样一个人。

为了自己与林徽因的这段美好感情，徐志摩创作了那首
著名的《偶然》：

> 我是天空里的一片云
>
> 偶尔投影在你的波心
>
> 你不必讶异
>
> 更无须欢喜
>
> 在转瞬间消灭了踪影
>
> 你我相逢在黑夜的海上
>
> 你有你的
>
> 我有我的方向
>
> 你记得也好
>
> 最好你忘掉
>
> 在这交会时互放的光亮

各有各的方向，天下没有不散的宴席，那个温暖眼神、
那些浪漫话语永远留在了记忆中，那场浪漫的康桥之恋已经
成为一段永远的传奇，忘得掉吗？

离婚，解散烦恼的绳结

徐志摩离家出走了，邻居郭虞裳也吓跑了，沙士顿的家

里只剩下张幼仪一个人，她挺着日渐隆起的肚子茫然地独守在那个地方，欲哭无泪。

如果从此那个男人永远不回来了怎么办？她不敢往深处想，这里是举目无亲的异国他乡，没有一个属于她的朋友。身子越来越沉，她孤独得像一只幽灵，在空荡荡的屋子里走来走去。晚上，她不敢睡在她和徐志摩睡过的那张大床上，睡在上面就会被无数噩梦纠缠着，让她无法安睡。

有时候，她耳朵会出现幻听，以为自己听到了敲门声，可当她跌跌撞撞地跑到门口时，一切却都是静悄悄的，并没有谁敲门。

她忽然想到，如果徐志摩回来，是不用敲门的，他手里有钥匙，从搬进来，到现在，敲响过他们房门的只有一个人，就是二哥。前段时间二哥到法国留学，专程到这里来看过他们，那天，是张幼仪离开家之后最快乐的一天，那个午后，她开心得像个小姑娘，在二哥面前无拘无束地说笑着。

在大舅子们面前，徐志摩完全是另一种姿态，他温文尔雅，十足的儒雅才子形象，难怪他们都喜欢他，对他崇敬有加，不许张幼仪说徐志摩一个不字。

如今，自己处在这般境地，家里人都不知道，娘家人不知道，公公婆婆也不知道，她忍着，现在还不想告诉他们，万一徐志摩回心转意回来了，这件事就当没发生过，她是个懂事的女人。

徐志摩不在的日子里，她艰难地熬着。

早上，她忽然听到笃笃的敲门声。

这次不是错觉，真的有敲门声呀。

她慌慌张张去开门，门口站着一个中国男人。

他在门口自我介绍，说他叫黄子美，是徐志摩的朋友，从伦敦来，知道张幼仪一个人在家。他这次来，带来了徐志摩的口信。

一听说这个人带来了徐志摩的消息，张幼仪把将门口堵得严严实实的笨重身子让开——黄子美这才挤了进去。

张幼仪请他坐下，恭恭敬敬给他倒了杯茶，因为人家毕竟是为自己的事情而来。

黄子美坐下来，张幼仪小心翼翼坐在他对面，不知道他带来的是什么口信。

黄子美是民国时期著名的实业家，与徐志摩父子两代关系都不错，他后来和徐申如共同出资，在北京西单石虎胡同七号租一个院子，成立了著名的"新月社"，并创办了《新月》杂志。正因为和徐家两代人都关系紧密，今天他肩负重任，所以，尽量复述着徐志摩的原话，他一字一顿地说："他让我来问你，你愿不愿意做徐家的媳妇，而不做徐志摩的太太？"

这话乍一听有些别扭，张幼仪也没听明白，她便问："这话什么意思？我不懂。"

黄子美大概觉得自己没有义务解释这句话的意思，他只要把话带到就是了，至于这句话的意思，应当由张幼仪自己去理解。他自顾自继续说："如果你愿意这样做，那么一切就好办了。"他沉吟了片刻，终于说了实情："徐志摩不要你了。"

这一点她早就意料到了，只是，这个问题张幼仪无法回答，如果做不成徐志摩的太太，还算什么徐家的媳妇？这不是自相矛盾吗？她鼓起勇气，对徐志摩派来传话的这个信使强硬地说："我听不懂你的意思，如果离了婚，我还怎么做徐家的媳妇？"

黄子美始终也没有回答张幼仪的问题，他的任务完成了，不必在这里和这个女人过多纠缠，他知道，逼到这个份儿上的女人如果失去理智，是什么都能做出来的。徐志摩告诉自己她是个没文化的土包子，没文化的女人做事不按常理出牌。不过，仔细打量眼前这个女子，倒不像是没文化的粗俗妇道人家。大概他也觉得徐志摩让他带来的口信有些蠢，停留片刻，就匆匆告辞了。

他前脚走，张幼仪后脚就把屋门"嘭"地一声使劲撞上了。

她倚着门站在那里，泪水顺着脸颊滚滚流淌，由于她情绪激动，肚子里的胎儿似乎不安地在里面有了一丝躁动，张幼仪捂着肚子，委屈地大放悲声。

她毫无办法了，唯一能做的就是让娘家人出面，当初嫁给他是他们做的主，现在人家不要自己了，也得让他们替自己做主。

她让自己安静下来，开始给二哥写信。二哥还没离开法国，目前离她最近，也许依靠二哥的威望和名声，能镇住徐志摩。

她摊开信纸，倾诉着满腹委屈，她诉说自己怀孕了，徐志摩让她去打胎，他想跟自己离婚，离家出走已经一段时间了，今天派人来问愿不愿意做徐家的媳妇，而不做徐志摩的太太，她该怎么办？

信写完了，她照着二哥过去来信的地址，描画着那些弯弯曲曲的英文字母，那些字母的意思她一个都不知道，她只知道这些字母要尽量描得像一些，否则，她怕地址不对，二哥收不到信。

信是从小杂货铺发出去的，就是徐志摩每天取林徽因来信的那个小杂货铺。从信发出去那一刻，她唯一的事情就是等二哥的回信，这是她最后一根救命稻草。

等待是一种煎熬，就在她几乎熬不住的时候，二哥的信到了。信中没给她带来任何希望的曙光，反倒怨她丢了张家的人。二哥对徐志摩要离婚这件事，用这样的文字进行了表达："张家失徐志摩之痛，如丧考妣。"

徐志摩又不是自己的父母，什么叫如丧考妣？张幼仪彻底无语了，原来，在家里人心目中，徐志摩的地位这么高。把他举到天上又有什么用，人家要和你家的女儿离婚了，你们怎么就不同情同情自己的女儿呢？

二哥在信里还告诉张幼仪：万勿打胎，兄愿收养。抛却诸事，前来巴黎。

二哥让她去巴黎找他。

毕竟是亲哥哥，关键时候还是要接纳她的。

张幼仪立即收拾东西，离开让她伤心的沙士顿，马上到巴黎去，这个地方她一分钟都不想再停留了。

这是她第一次一个人在国外旅行，她必须对自己有信心，因为现在没有人能帮她。从英国到法国，她语言不通，要去找哥哥会遇上一些难题，比如，哥哥的地址，他信上拼写的那些字母所在的街道在哪里？她按着那几个字母找了好多条街道，也找不对，不会外语在国外混就像聋子和瞎子，她暗下决心，从此要下功夫学习语言，以后一切就得靠自己了。

以后确实要靠自己了，找到二哥之后，她更加坚定了这个信念。

二哥在信上说得很好，她肚子里的孩子以后由他收养，但是，他自从离婚后至今还没有结婚，在巴黎，他就知道专心致志研究他的哲学，连自己的生活都料理不好。张幼仪住了一个星期，基本上是她在照顾他，以后，他怎样帮自己照管孩子？

看来，这个孩子真是不该来啊，娘家人管不了，不知道婆家人愿不愿意接纳这个小生命。事已至此，不去管它了，走一步说一步吧。

当务之急是，怀着孕谁来供养自己。徐志摩给她的那点儿买菜的钱已经差不多用光了，她只能向硖石的公公婆婆求救，说她和徐志摩分居了，现在她在法国求学，孩子马上就要出生了，她需要学费，需要生活费供应她和即将出生的孩子。

徐家父母一看这封信，只觉得儿子儿媳闹别扭了，小夫妻过些日子就好了，徐申如给张幼仪寄来了二百美金支票，并表示以后会按月给她寄学费生活费。

二哥不知道该怎么照顾怀孕的妹妹，当然，他也照顾不了她，就让她寄住到在乡下租房的一个朋友家。

在那个离巴黎有一个小时火车路程的法国小村庄，她和一对中国夫妇住在一起，一住就是四个月，直到离生产还有一个月的时候，在德国留学的七弟张景秋来看她。

七弟那年还像个未成熟的少年，他遵照二哥的指示，从德国来到巴黎，又从巴黎坐火车来到这个偏远小镇的车站，然后雇了辆马车，来到二姐张幼仪住的地方。

一见大腹便便的二姐，七弟就泪眼婆娑地哭起来，他没想到姐姐到了国外会落得这般境地。他是个爱哭的男孩，比一般的男子要阴柔得多，动不动就爱哭鼻子。难怪家里人都说是张幼仪把母亲身上大部分的男子气概拿走了，只剩下女性的阴柔气韵给了后来生下的七弟。

七弟说姐姐气色不好，问她每天都吃些什么，他对姐姐一百个不放心。他是一个月前刚从家里来到德国，家里人还都不知道徐志摩和张幼仪的婚姻实情，临行前，徐申如还让张景秋带来了徐志摩爱吃的蜜饯，他受人之托，这包东西是一定要带给徐志摩的，所以，他问张幼仪："徐志摩哪里去了？"

张幼仪也想问，徐志摩哪里去了，可她也只能摇摇头。

七弟第二天一早就要走，张幼仪决定跟着他一起走。七弟是个细心人，比二哥生活能力强，能照顾自己，所以她决定去德国生孩子。在这偏远的法国乡下，她没有安全感，怕自己从此永远丢失在异国他乡。

告别那对留自己居住了四个月的中国夫妇，张幼仪跟着七弟来到德国柏林，住在七弟租住的公寓。一个月后，即1922年2月24日，在德国一家医院，张幼仪生下了她和徐志摩的第二个儿子彼得。

她不知道该怎样养育这个柔弱的小生命。孩子出生之前，她什么都没准备，小褥子小被子奶瓶尿布什么的都一无所有。她只好先把孩子留在医院，自己出院去准备这些东西。

七弟毕竟是个未婚男孩，根本不会照顾姐姐，张幼仪给他打了电话，他才到医院把姐姐接回家。

一进租住的公寓门，张幼仪就看到桌子上放着一封字迹熟悉的书信，没错，是徐志摩的字迹，她太熟悉了。

她问七弟："这信从哪里来的？"

七弟说，是吴经熊送过来的。他是徐志摩的朋友，和张幼仪也很熟悉。

她匆忙打开那封信，信上先是说了一大堆无关痛痒的虚话，最后才提到了离婚：

> 故转夜为日，转地狱为天堂，直指顾间事矣。……

真生命必自奋斗自求得来，真幸福亦必自奋斗自求得来，真恋爱亦必自奋斗自求得来！彼此前途无限，……彼此有改良社会之心，彼此有造福人类之心，其先自作榜样，勇决智断，彼此尊重人格，自由离婚，止绝痛苦，始兆幸福，皆在此矣。

说来说去，最终就是一个意思，离婚！

七弟恰好有吴经熊的电话，张幼仪立即给他打通电话。一听是张幼仪问徐志摩的事，吴经熊便吞吞吐吐地说，那封信是徐志摩让他送去的。

也就是说，徐志摩现在在德国。

张幼仪说，她要亲自见徐志摩一面，希望他能转告。

吴经熊是不是转告了徐志摩，张幼仪心里没谱，她急着要见见徐志摩，该来的终究要来，该了断的必须了断，这样总躲着也不是办法。七弟知道吴经熊的住处，第二天一早，张幼仪就雇了辆马车直奔吴经熊家。

徐志摩在那里，还有他的几个朋友也在那里，其中就有后来恋了林徽因一生，为了她终身未娶的金岳霖。金岳霖那时候还无心插足林徽因的爱情，那时候他大抵已经和美丽的美国女郎秦丽琳同居了。

几个月不见，徐志摩似乎壮了高了，他底气并不足，如果没有几个朋友在旁边助威，是不敢直面张幼仪的。

张幼仪先发制人，告诉他："想离婚，没那么容易。我要征求我父母的意见，婚姻大事，我一个人说了不算。"

　　徐志摩焦虑地说，这个婚必须马上离，因为他没有时间等了，林徽因马上要回国了。

　　其实那个时候林徽因早就回国半年了，只是他自己不知道而已。

　　张幼仪这才知道，他离婚是为了一个名叫林徽因的女子，至于那个女人是什么人，是做什么的，她还一概不知，不过能看得出她在他心目中的分量——徐志摩爱的人是林徽因。他手中拿着一份离婚协议，眼巴巴地看着她，那眼神，悲悲戚戚的，甚至有几分哀求。

　　张幼仪犹豫了一下，接过他手中的那封离婚协议，签下了自己的名字。这样的婚姻要或不要都已经一样了，离开他的这几个月，她已经想明白了，在法国乡下居住的那段时间，她就已经痛下决心：不管发生什么事情，都不要依靠任何人，而要靠自己的两只脚站起来。

　　张幼仪签完字，她以在新婚之夜没能用上的坦荡目光正视着徐志摩说："你去给自己找个更好的太太吧！"

　　徐志摩长出一口气，说声谢谢。他补充说，他这是在做给别人看，非要开中国的离婚先例不可。

　　朋友们当着张幼仪的面，就欢天喜地地给徐志摩贺喜。

　　张幼仪不屑地看着眼前这群大男人，她觉得，这些男人甚至不如一个女人。

　　离婚协议签完了，徐志摩想起，张幼仪刚生完孩子，他用责怪的口气对张幼仪说："你干吗把他留在医院。"

张幼仪没有作答，把他留在哪里对他来讲有什么不同吗？

徐志摩跟着张幼仪去了医院，隔着医院育婴房的玻璃，欣赏着那个小生命。他只是欣赏一下，然后便抓紧时间去找林徽因，他怕自己去晚了，林徽因就已经回了国。

毫无疑问，徐志摩肯定去晚了。

得知林徽因父女已经回国，徐志摩在国外待不下去了，他决定回国去寻找林徽因和他的爱情。1922 年 8 月，他告别康桥，轻轻地走了，如他轻轻地来，轻轻地招手，作别西天的云彩。

回国之后，大概父母对他离婚这件事很恼火，他们大约跟徐志摩说，你说离婚就离婚了？我们不承认。

1922 年 11 月 8 日，徐志摩在《新浙江·新朋友》上刊登《徐志摩、张幼仪离婚通告》，他广而告之："我们已经自动挣脱了黑暗的地狱，已经解散烦恼的绳结……欢欢喜喜地同时解除婚约……现在含笑来报告你们这可喜的消息……"

他还专门为他和张幼仪离婚这件事写了一首诗《笑解烦恼结——送幼仪》：

一

这烦恼结，是谁家扭的水尖儿难透？

这千缕万缕烦恼结是谁家忍心机织？

这结里多少泪痕血迹，应化沉碧！

忠孝节义——咳！忠孝节义谢你维系

四千年史骸不绝，

却不过把人道灵魂磨成粉屑，

黄海不潮，昆仑叹息，四万万生灵，

心死神灭，中原鬼泣！咳，忠孝节义！

二

东方晓，到底明复出，

如今这盘糊涂账，

如何清结？

三

莫焦急，万事在人为，只消耐心

共解烦恼结。

虽严密，是结，总有丝缕可觅，

莫怨手指儿酸、眼珠儿倦，

可不是抬头已见，快努力！

四

如何！毕竟解散，烦恼难结，烦恼苦结。

来，如今放开容颜喜笑，握手相劳；

此去清风白日，自由道风景好。

听身后一片声欢，争道解散了结儿，

消除了烦恼！

他们这桩离婚案例号称中国历史上第一桩西式离婚案，徐志摩果然开了离婚先例。他解散了这一个烦恼的绳结，却陷入另一个烦恼中。林徽因回国后，便与梁启超的儿子梁思成确定了恋爱关系，他的爱又搁浅了。

被遗弃时光里独自坚强

离婚后，张幼仪独自又在德国待了三年。

签完那份离婚协议之后，过去的那个张幼仪就不存在了。徐志摩给了张幼仪一个华丽的转身，从此，她变成了另一个人，她果断、坚定、独立，成为铿锵的女强人。

有时候，她觉得自己应当感谢徐志摩，是他让自己变得无比坚强，无比自信。

公公徐申如依然每个月给张幼仪寄二百美金支票。当时的德国正处于经济动荡时期，德国货币马克很不稳定，早上可以买件羊毛大衣的钱，到晚上只够买块面包。张幼仪把那张支票兑换成小面额的美金，这样，一个月的学费和各种花销就够了。

她为儿子雇了个保姆，是个四十多岁的维也纳女子，名叫朵拉，是二哥在柏林读书时的朋友，她之所以愿意帮助张幼仪，也是因为二哥的缘故。

朵拉帮助张幼仪找了德文老师，她必须先过德文关，才能进学校学习。

补习了几个月，德文关过了之后，朵拉帮助她申请进入裴斯塔洛齐学院，攻读幼儿教育。

张幼仪之所以选择幼儿教育，一则因为她在国内时就学的师范教育，二则因为她学了这门功课可以更好地教育她的孩子，还有一个原因，就是这门课对语言能力要求得最低，她的德语水平还不高，学别的比较费劲。

裴斯塔洛齐学院幼儿教育专业的同学大都是西方人，而且基本上都是未婚的小姑娘，她们对婚姻的观念和中国人不一样。如果在国内，张幼仪这样一个离了婚还带着一个孩子的女人，会被人在背后指指点点戳脊梁骨，在这里没人关注这些，她们的婚恋观和中国传统的婚恋观不一样，这便给了张幼仪一个宽松舒心的环境，她不必像国内被丈夫休掉的那些女人们一样自卑，她和她的同学们没什么不同，只是曾经有过一段失败的婚姻。

她学习很努力，很刻苦，做手工是班上最好的，这让她对自己更多了几分自信。

张幼仪的二儿子彼得越来越可爱，妈妈每天去学校上学，他就跟着朵拉玩。朵拉把他当作德国孩子来养，他从小学的母语就是德国话，而且只吃德国菜。彼得虽然是张幼仪生的，却与朵拉关系最近，他的气质长相都很像西方孩子：大大的眼睛，柔柔的头发，而且他喜欢听西洋音乐，一切的西洋乐曲他都爱听，最喜欢听的是贝多芬和瓦格纳的乐曲，独独不喜欢听中国京剧音乐，一听就捂耳朵。邻居有个钢琴家，只要朵拉带他出去散步，走到钢琴家窗前，听到里面的琴声，他就停下脚步，在窗下听很久。张幼仪觉得，这真是个奇怪的小孩，她虽然在欧洲生欧洲长，可流淌的还是中国人的血，怎么从小就这么西化，真是徐志摩的儿子，连性格都和他父亲那般相像。

张幼仪在德国最好的朋友就是朵拉。在中国留学生中，她的朋友不多，她觉得她和他们不是同一类人。那些人看上去都很有学问的样子，可行为举止都怪怪的，一个个都表现出狂妄不羁的浪漫，仿佛与中国传统中的一切都割断了；但是，只要一回到中国，一踏上那片土地，他们就立即变得死气沉沉，都又回到了过去的老样子。而张幼仪在他们眼里，反倒是新潮的另类，他们虽然都装作很超前的样子，但离婚这样的事，他们是不敢轻易做出来的，所以他们不敢轻视张幼仪，人家毕竟是第一个吃螃蟹的人。

有些中国留学生也会主动与张幼仪联系，有的还会到她的家里来看望她，拜访她。

对她最好的是一个名叫罗家伦的中国留学生，这个人在柏林大学读书，与徐志摩年岁差不多，也是浙江人。他男子汉气概很浓，并且长得很男人，一双被浓密汗毛覆盖的大手，五官不秀气，鼻子和嘴都有些大。总之，与徐志摩相比，这个人哪儿都多了一些没经过细细打磨的粗糙感，显示出他浓浓的男人味。这是个与徐志摩气质完全不同的男人，相同的是，他们的鼻梁上都架了一副圆圆的近视镜，都是从北京大学出来的才子。

罗家伦到张幼仪的家里来看望她，最初的时候，或许还因为有徐志摩那层关系，他们同时在美国修过学，在英国留过学。后来，则是因为他对张幼仪产生了好感。

他来得很勤，几乎每个星期来好几次，陪着张幼仪聊天，陪着彼得玩。

因为都是江浙一带的老乡，张幼仪和他之间便有了许多共同的话题。他们聊得很投机，有时候为一个话题可以聊很久，张幼仪过去从来没有和任何一个男人坐得如此近，不知为什么，和他这样近距离地坐着，却没有丝毫的不自在感。每每张幼仪和罗家伦在起居室聊天的时候，彼得就跑出来，依偎在他身边，自己在那儿玩，也许因为从出生开始他就缺失了父爱，而从罗家伦身上，他能感受到浓浓的父爱。

在这远离故乡的土地上，午后，沏上一壶香茶，身边一个男人、一个孩子，男人坐在离自己很近的地方，操着亲切的家乡话说着家乡的事，孩子在铺在地板上的一块毯子上快乐地玩耍着，杯中的茶徐徐地冒着热气，他们的目光不时透过这氤氲的茶汽互相对望一下，这是多么温馨的一刻。

张幼仪陶醉在这样的美好时光中，忘记了所有的忧愁和烦恼。

罗家伦突然冒出这么一句："你不打算再结婚?"

那语气是温柔的，温柔得让张幼仪心里软软的，从来没有哪个男人用这样的语气和她说过话。

她一时语塞，不知该怎样回答他。她明白他话里的意思，从他深情的眸光中，也读懂了他对自己的那份心思，但是，她不敢接受他的爱。她的生活远比他想象的要复杂得多，她不仅有身边这个彼得，在国内还有一个大儿子。而且，她离婚后，四哥匆忙从国内寄来一封信，不是安慰她，而是告诉她给张家留住脸面，五年之内，不但不能谈婚论嫁，且不许让人看到她和任何一个男人同进同出，否则，别人会觉得离婚这件事是因为她张幼仪不守妇道才让徐志摩给休掉了。

她必须保全张家的脸面，必须斩断一切情丝。

她垂头看着自己的茶杯沉默了很久。她知道，罗家伦那期望的目光一直在紧紧地盯着自己，所以，她不敢抬头。终于，她迟疑地轻声说："不，我没这个打算。"

她能感觉到，听完这句话，罗家伦心中的那一声沉沉的叹息。他尴尬而失望地紧着喝了两口已经温凉的茶水，没再多说什么，就起身离去了。

他离去后，张幼仪呆呆地端着已经没了温度的凉茶坐在那里。她知道，从此，罗家伦不会再来了，她让他伤心失望了，他不会知道自己是因为羁绊在身上的枷锁，而使他误会自己对他没有任何心思。

她爱他吗？不知道。但是她并不讨厌他，心里还是喜欢他的。不过，她不敢把自己对一个男人的喜欢发展成爱情，不敢和他自由恋爱，她的婚姻不是属于她自己的，而是他们张家的。

还有，她也不相信他会爱上她，她劝慰自己，也许他只是想出出风头，才企图娶自己。

张幼仪忘记了，她刚刚二十三岁，有些女子在这个年龄还没有恋爱结婚，她长得也不丑，现在是德国留学生，依照这些条件，会有男人爱恋她的。

一段感情错过了，就永远错过了。

或许，她心里还深深爱着徐志摩，容不下别的男人。

后来，当从国内传来消息，各种报刊都在炒作著名诗人泰戈尔访华，而全程陪同他的居然是徐志摩和林徽因。张幼仪的心里酸酸的，五味杂陈，她知道，自己真的还没有彻底放下他。她以为自己已经很坚强，看来，还不够。

徐志摩的母亲给她来信了，信中的语气，还把她当成自家的儿媳妇，她问她："怎么还不回来?"

张幼仪不知道这个回来是什么意思，回哪里去?

接着，徐家又来信了，信里说："你还是我们的儿媳妇，回来吧，我们收你做干女儿。"

这就是徐志摩离婚前曾经说过的做徐家儿媳妇，不做徐志摩太太的意思。

她一边为公公婆婆的情义感动，一边设想着自己如果离婚不离家，徐志摩又带回他的新妇，自己该是多么尴尬，她婉转地告诉他们，暂时还不能回去。

在德国，一晃就是两年多。

彼得已经两岁多了，本来这个孩子健健康康的，某一日却突然开始腹泻起来。他的腹泻和别的孩子不一样，好像不是消化不良那种类型，腹泻的同时，他还有呼吸困难的症状。朵拉带他去看了医生，医生说，他肠子里有寄生虫，位置在肠子和皮肤之间，属于疑难杂症，不好治疗。

　　这个病只有去瑞士最好的医院去治疗，才有希望。但是，那需要一大笔钱，徐家每个月寄给张幼仪的那些钱，除去支付学费生活费，所剩无几，不够去治病。

　　张幼仪只好写信给国内孩子的爷爷奶奶，说孩子生病了，需要一笔钱去瑞士治疗，让他们帮帮自己和孩子。

　　但是，徐家的回信让张幼仪彻底心凉了，回信说，他们也很无奈，他们的钱不够送彼得去医院的。

　　徐家那么有钱，怎么会拿不出给孩子治病的钱？张幼仪不解，她眼睁睁看着她的彼得一天天在痛苦中瘦弱下去，一天天走向死亡，她却无能为力。

　　彼得死了，死在他三岁生日刚过完不到一个月的时候。那是一个寒冷的春天，她的彼得再也见不到中国了，这幼小的生命停留在他三岁零二十多天的那个春季，停留在德国的土地上。

　　张幼仪哭干了眼泪。朵拉一直陪伴着她，这些年，一直是朵拉在带这个孩子，她视他为己出，彼得一死，她早就伤心欲绝。现在，是张幼仪和她互相安慰，她们不吃不喝地呆坐着，想着彼得活着时候可爱的样子。她们会看着孩子的玩具、衣服默默流泪，耳边还会有孩子童稚的声音。彼得死后，举行完葬礼朵拉就回了维也纳老家，从此与张幼仪失去了联系。几年之后，张幼仪才知道，因为伤心过度，回到老家朵拉就病了，她患上了严重的肺病，不久就死去了，去寻找她疼爱的那个孩子去了。

张幼仪不想让彼得一个人永远留在陌生的异国他乡，她为他选择了火化，这样，她无论走到哪里，都可以带上彼得的骨灰，让他和自己一起出发。

彼得的葬礼是在柏林举办的，那个小小的葬礼并不隆重，她也没邀请什么人参加，所有来参加彼得葬礼的人都是自发的，朵拉、张幼仪的二哥、几个要好的女同学，还有，罗家伦也悄悄赶来了，他喜欢这个孩子，孩子的死让他很伤心。

有一些喜欢彼得的陌生人也来了，他们在公园散步时见过朵拉带着彼得玩耍，都喜欢这个黑眼睛黑头发的漂亮中国男孩。

葬礼上独独没有孩子的父亲。张幼仪觉得，他不会来的，这原本就是他不想要的孩子。

守着彼得的照片，张幼仪面容憔悴，彼得已经去世一个星期了。

她的门被敲响了。万万没想到，徐志摩从天而降，他居然赶过来了。

是母亲逼着徐志摩过来的，她想让他到柏林来见儿子最后一面。可当他赶到时，小儿子已经死去一个星期。在殡仪馆见到彼得的骨灰，徐志摩抱着骨灰坛伤心地哭泣。这个可爱的孩子刚出生的时候，他隔着玻璃窗见了一面；而今，又隔着冰凉的坛子见到他的骨灰；看来，他确实不该到这个世上来，他与这个世界无缘，与他的父亲无缘。

彼得走了，张幼仪必须接受这个事实。

面对已经形容枯槁的张幼仪，徐志摩按照临行前母亲吩咐的，要给她一点儿安慰，让她走出悲痛的深渊。柏林这个住处到处都弥漫着彼得的气息，如果让张幼仪依然处在这个环境中，是难以平复内心的悲伤的。徐志摩提议，让她随自己去趟意大利，在旅行中慢慢走出来。

张幼仪答应了，彼得死了，朵拉走了，在欧洲的别的亲人都忙自己的事情去了，不管怎么说，徐志摩是自己曾经的丈夫，时间是医治创伤的一味良药，经过了三年的沉淀，她对他的恨意已经没有那么浓了。

这趟旅行不仅仅只是他们两个，还有两个徐志摩的朋友，一对名叫泰勒的英国姐妹。这两姐妹不懂汉语，不懂德语，只会说简单的法语。张幼仪不会说英语，也只会简单的法语。她们就用这似懂非懂的法语费劲地交流着。她大多数时间和她们在一起。

徐志摩对这次旅行有些心不在焉，他总是离开她们仨人，单枪匹马去跑单儿，不知道他选择的都是什么旅游景点。

每个早晨，是徐志摩最忙乱的时候，他要在旅店查询是不是有朋友胡适从国内寄来的信件或者电报。

这情景似曾相识。张幼仪想起来，在沙士顿的时候，徐志摩就是这个样子，后来她才听说那时候他正和林徽因恋爱。现在，他是不是又爱上了什么人，是不是又陷入了新的恋情中？

不幸让张幼仪猜中了。此时，徐志摩又恋上了一个名叫陆小曼的有夫之妇，那个女人的丈夫是哈尔滨警察厅厅长，扬言要杀了徐志摩，他到国外，也是来躲避祸端的。胡适在国内帮他探听消息，哪天可以回去了，胡适会及时通知他。

4

徐志摩的新恋情

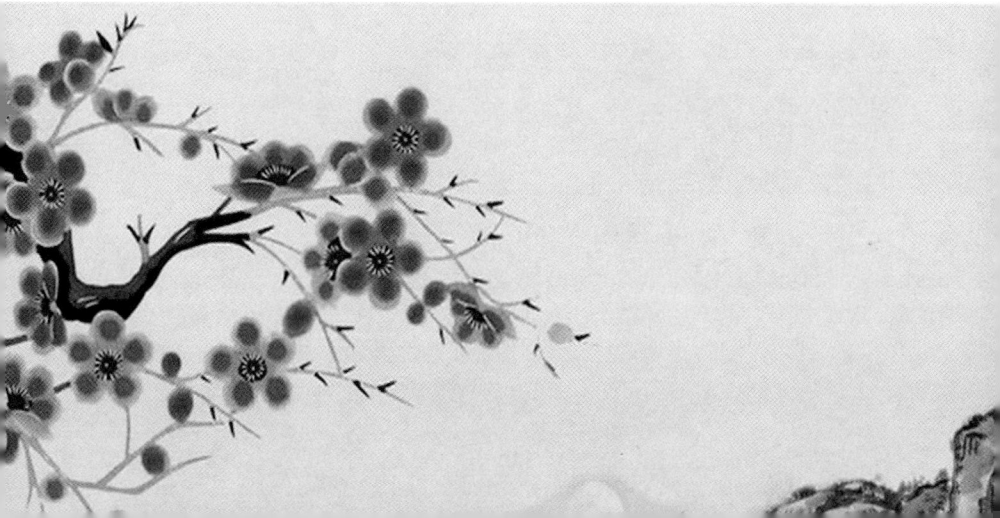

我的眉，我的爱

　　徐志摩去德国处理小儿子的后事，处理完迟迟不肯回国，其中有一个很大的原因，就是因为陆小曼。

　　在德国，他本是可以选择与张幼仪复婚的，此时的张幼仪已经不再是当初刚出国时候的"土包子"了，她经过了三年的留学深造，已经成为一名知识女性，一个未再婚，一个未再嫁，张幼仪也不计前嫌，原谅了他对自己的伤害，连徐志摩的父母，都觉得机会难得，他们应当重归于好。

　　已经从林徽因的爱情中走出来的徐志摩，很快就寻找到了新的恋情，那个女子便是陆小曼。与张幼仪一起游览意大利的时候，他每天等待胡适给他通报情况的书信和电报，终于等来了陆小曼丈夫放手这段婚姻的消息，胡适在信中说，陆小曼的丈夫已经改变主意，决定不杀徐志摩了，要和陆小曼离婚。

徐志摩喜上眉梢，在张幼仪面前，也控制不住他满心的喜悦。

张幼仪离婚之后，就没有想过要重新与徐志摩和好。她太了解徐志摩了，即使没有林徽因，还有陆小曼；即使没有陆小曼，还会冒出别的女人，他就是这样一个浪漫多情之人。张幼仪知道，自己和他不是一类人，她必须远离他，才能不让自己受伤害。

这趟意大利之旅一结束，她就立即回到了自己的生活中。柏林这个伤心之地是不能再住下去了，她搬到汉堡，开始了新的生活。至于徐志摩什么时候回国，是他自己的事。

徐志摩又在欧洲游荡了一段时间，直到夏末，确认自己没有生命危险了，他才回到北京。

陆小曼 1903 年出生在上海市孔家弄，比张幼仪小三岁。父亲陆定是晚清举人，曾经当过国民党财政部司长和赋税司长，创办了中华储蓄银行。作为财税官家的女儿，她在优裕的家庭环境中长大，从小是不差钱的，奢侈惯了。

六岁的时候，陆小曼跟着父母迁居北平，在京城的新式学校读完小学，又在北京女中读中学。十五岁的时候，进入法国人开办的贵族学校圣心学堂，父亲还专门为女儿请了一位英国女教师，教授英文。在那所上层社会少爷小姐云集的学校里，她便有"皇后"的美称。

这是一个个性极强的美才女，她精通英、法两国语言，曾经当过翻译，小楷写得好，钢琴弹得好，还是戏曲票友，写过文学作品，懂绘画。

陆定夫妇前后共生育九个儿女，除了一个陆小曼，剩下的全都不幸夭折，只有这一个独生女儿，所以，她和妻子吴曼华把女儿当成掌上明珠。吴曼华是正牌江南名门闺秀，会画工笔画，古文底子深厚，她决心把女儿培养成秀外慧中的江南名媛，以期将来可以嫁得好一些。

他们的愿望达到了，陆小曼经过淑女名媛式教育，确实成为了当时很抢眼的女孩，她十八岁就混迹上流社会的社交场合，做过外交部的女翻译，连胡适都夸陆小曼："她是一道不可不看的风景。"陆小曼嫁给王赓后，胡适还兴冲冲地对著名画家刘海粟说："你到了北平，不见王太太，等于没到过北京。"

1922 年，陆小曼十九岁了，父母给她找到一位各方面条件都不错的夫君，男方名叫王赓，比陆小曼大七岁，是清华大学高材生，毕业后保送美国，在著名的美国普林斯顿大学和西点军校留过学，回国后曾在北洋陆军部工作。结婚那年，王赓已经二十六岁，大概陆家父母觉得这桩婚事拖久了会夜长梦多，在那个时代，王赓早已到了该娶妻生子的年龄，你陆家的女儿不急着嫁，人家就娶别人家的女儿了，所以，陆家匆匆让女儿嫁了过去。

虽然嫁了人，陆小曼依然如同少女一般的秀媚，当时，刘海粟受胡适怂恿，还专程去王赓家中去看过一次陆小曼，他特地剃了胡子，换了衣裳。到了王赓府上在客厅等待的时候，下人说："小姐就到了"，他纳闷：自己要见的是位太太，怎么叫小姐呢？见了面才发现，陆小曼确是一个美艳绝伦、光彩照人的少女形象。

一位名叫赵森的先生也用文字记录下当年在协和礼堂门口见过的陆小曼的形象，那时，陆小曼在手忙脚乱地为话剧《齐德拉》发说明书册子，"她瘦弱的身躯，苗条的腰肢，眉目若画，梳着一丝不乱的时式头——彼时尚未剪发——斜插着一枝鲜红的花，美艳的体态，轻嫩的喉咙，满面春风地招待来宾，那一种风雅宜人的样子，真无怪乎被称为第一美人。"

这个第一美人刚出嫁的时候，只是觉得结婚很好玩，王赓长得英俊挺拔，只是不苟言笑，不会浪漫，这让本性里浪漫多情的陆小曼觉得有些遗憾。

王赓再古板，也没有传染给陆小曼，婚后，她依然活跃，是社交场合的交际花。

徐志摩过去不认识王赓，可因为他们同是梁启超的学生，又有同门师兄弟之谊，徐志摩与王赓便成了朋友，徐志摩从此成了王家的常客。

与徐志摩相识，那大约是在王赓和陆小曼结婚已两年的时候，新婚的甜蜜已经不再，陆小曼在婚姻中正陷入淡然无味的孤独寂寞中，突然遇上了刚从英国归来，来寻找爱情的徐志摩。

徐志摩跑回国内追求林徽因，临行前，他踌躇满志。当时在现场见证了他与张幼仪签离婚协议的金岳霖，还记得拿着那张签好的离婚协议，即将回到北京去追求林徽因时，徐志摩所说的话，金岳霖回忆说：

> 林徽因被他父亲带回国后，徐志摩又追到北京。临离伦敦时他说了两句话，前面那句忘了，后面是'销魂今日进燕京'。看，他满脑子林徽因，我觉得他不自量啊。林徽因梁思成早就认识，他们是两小无猜，两小无猜啊。两家又是世交，连政治上也算世交。两人父亲都是研究系的。徐志摩总是跟着要钻进去，钻也没用！徐志摩不知趣，我很可惜徐志摩这个朋友。

当然，金岳霖自己也不知趣，他也和徐志摩一样爱上了林徽因，甚至一辈子为她不娶，不知他可惜不可惜自己。

徐志摩到了北京，才发现自己来晚了，林徽因已经心有所属，和梁思成谈起了恋爱，他们郎才女貌，门第相当，他再想插足其中，已经做不到了。

林徽因已经不是在英国时候那个十六岁的少女，她比一般女孩子成熟理智，从徐志摩身上，她找不到安全感，她决定不再跟随感情懵懂的指引一意孤行，她要寻找一个稳健坚实的可以依靠的臂膀，踏踏实实生活下去。梁思成虽然不浪漫，但是让她觉得踏实，是可以依托终身的人。

虽然她偶尔也参加徐志摩的新月社的活动，甚至，1924年，印度诗人泰戈尔访华，徐志摩和林徽因作为一对儿金童玉女共同为他担任翻译。日坛公园的集会上，他们留下了一张传世名照，照片上的林徽因娇艳如花，徐志摩郊寒岛瘦，泰戈尔仙风道骨，这张照片因而被称为"松竹梅岁寒三友图"。

但是，他们的爱情已经走远。

之后，林徽因和梁思成双双启程去美国攻读建筑学，徐志摩与林徽因之间的爱情彻底没戏了。

在爱情的落寞绝望中，徐志摩遇上了貌美婀娜风华绝代的陆小曼，这让他眼前一亮：她生了一张瓜子脸，五官精致秀气，一双不大不小的丹凤眼眼波流转，小巧玲珑的身材娉婷动人。陆小曼对他妩媚多情地莞尔一笑，一双眼睛也在说话，漾起心泉的秘密，拨动了他的心弦，给他萎靡不振的爱情又打了一针强心剂。

这个妹妹也不错，只是人家名花有主，恨不相逢未嫁时，她身边的王赓那么优秀，料想她也就是逢场作戏给自己一个媚眼，不会有更多的机会。

以后，在北平上层社会的一些舞会、宴会上，徐志摩便经常能遇到这个名叫陆小曼的美女。

陆小曼喜欢外面的世界，喜欢舞厅、宴会，王赓恰恰对那些场合和活动没有兴趣，每每陆小曼要拽着他一同去，他便推脱："你自己去吧，若不，叫上徐志摩，让他陪你去。"

徐志摩愿意代替王赓去做这件事，他求之不得。

于是，他们名正言顺地结伴参加各种活动。

徐志摩喜欢上美丽风情的陆小曼的同时，陆小曼对这个风流倜傥的才子也一见钟情，也难怪他们的感情迅速燃烧起来。陆小曼不顾一切全身心投入到徐志摩营造的脉脉温情中，这种浪漫是王赓从来没有给过她的。

此时，王赓被任命为哈尔滨警察厅厅长，他赴任自然会带着陆小曼同去。可是去了没多久，陆小曼就闹着要回北平，她说自己在哈尔滨住不习惯。其实也还有另外一个原因，就是她舍不下远在北平的徐志摩。

王赓这辈子做的最错误的一件事，就是自己离开北平时，把陆小曼托付给徐志摩照顾。他大约觉得徐志摩没家没口的，有的是大把空闲时间，可以帮他照顾好妻子，没想到这恰好给了他们名正言顺的接触机会。

徐志摩陪着陆小曼参加各种舞会，他们一起游长城、逛天桥，中山公园的来今雨轩、香山公园的碧云寺都留下他们成双成对的倩影。

没有经过恋爱程序的陆小曼，尝到了恋爱的甜蜜，徐志摩又一次找到了爱情的快乐。

> 眉，没有一分钟过去不带着想你的痴情，眉，上山，听泉，折花，望远，看星，独步，嗅草，捕虫，寻梦，——哪一处没有你，眉，哪一处不惦着你眉，哪一个心跳不是为着你眉！

......

眉，我恨不得立刻与你死去，因为只有死可以给我们想望的清静，相互永远的占有。眉，我来献全盘的爱给你，我的身体，我的灵魂，完全是你的，一团火热的真情，整个儿给你，我也盼望你也一样拿整个完全的爱给我。

这是徐志摩情书里的话，陆小曼名眉，别名小眉，这个眉便是陆小曼。

这炽烈的感情，任是哪个女人，都抵抗不住。

龙龙：我的肝肠寸寸的断了。今晚再不好好的给你一封信，再不把我的心给你看，我就不配爱你，就不配受你的爱。我的小龙呀，这实在是太难受了。我现在不愿别的只愿我伴着你一同吃苦。——你方才心头一阵阵的绞痛，我在旁边只是咬紧牙关闭着眼替你熬着。龙呀，让你血液里的讨命鬼来找着我吧，叫我眼看你这样生生的受罪，我什么意念都变了灰了！

这是陆小曼写给徐志摩的信，她的爱情被徐志摩彻底攻陷了，她决定和王赓离婚，嫁给徐志摩。

她毅然决然打掉了腹中她和王赓的孩子，这次打胎造成的后果是，她此后终身不能再怀孕。

这彻底激怒了王赓，他把这份愤怒对准了徐志摩，他以西点军校军人的阳刚对文弱的诗人发出通牒，一定要把他这个情敌杀了，以解被戴绿帽子的心头之恨。

王赓扬言要杀徐志摩的风一放出来，徐志摩就被吓晕了，他没想到和别人家的老婆搞婚外情还有生命危险，于是趁着去欧洲和小儿子见最后一面的机会，慌忙出了国。

出国之前，徐志摩委托胡适在北京为自己探听消息，只要王赓那边解除了追杀令，他就回来。

徐志摩带着对陆小曼的恋恋不舍去了德国。

陆小曼和王赓的婚姻陷入真正的危机中。

最初的时候，听说女儿出轨徐志摩，父亲陆定和母亲吴曼华是非常羞辱、非常生气的，像陆小曼这样的大家闺秀，在交际场上逢场作戏他们还凑合着能接受，但是，红杏出墙就是另一个概念了，在世人眼里，一个不守妇道的女人，是会被指着脊梁骨骂八辈祖宗的。他们坚决站在姑爷王赓一边，让陆小曼彻底断掉她和徐志摩的一切关系。

明摆着，徐志摩已经一点儿戏都没有了。这便是他在德国处理小儿子后事，和张幼仪在意大利游玩的那段时间。

但是，事情突然又出现了转机。某一日，王赓带着陆小曼到外面参加一项活动，在众目睽睽之下，两个人发生了一次争吵。王赓是要面子的人，不管陆小曼怎样背后给他戴绿帽子，毕竟没放到桌面上，可是，在人前不给他脸面，让他感觉无地自容，愤怒的他控制不住就当场狠狠地辱骂了陆小曼。

撕破了脸皮，事情就不好办了。陆小曼哪是受这种委屈的女人，她一气之下转身离去，并丢下一句冷冰冰的话：从此不再回王家。

陆小曼受辱之后回到娘家，对女儿百般宠爱的陆定听女儿诉说之后，马上转移阵地，站到了女儿这一边。你王赓好歹也是在国外留过学的绅士，怎么可以随便辱骂我的女儿，如果这对小夫妻将来的日子就这样过下去，那就长痛不如短痛，还是离了的好。

事情到了这一步，对于王赓来说，这段婚姻也已经没有什么好留恋的了，杀不杀徐志摩也无所谓了，所以他也有了离婚的意向。于是他对陆小曼说："我想了很久，既然你跟我在一起不快乐，那么我们只有分开，其实我还是爱你的。"

王赓的通情达理反倒让陆小曼感觉有些对不住他了，她还想说几句留恋的话表达些什么，却被王赓制止住了，他知道，他和陆小曼不是一类人，他们即使现在不离，将来有一天也会分开。和陆小曼生活在一起他感到太累，总是为了她是否在外面红杏出墙而纠结，而提心吊胆，总要防着插足的第三者，那还不如把这个女人让给徐志摩，他们也许更合适。

这段婚姻由此进入到解体程序。

胡适及时听到这个消息，就马上通报给了徐志摩。

其实，即使胡适不通报，徐志摩也很快就知道陆小曼那边的情况了，因为，他们的书信一直就没断过。后来，这其中的许多信件都收入到了徐志摩的书信集《爱眉小札》中。

他要娶那个叫陆小曼的女子

终于，王赓在离婚协议上签了字——他和陆小曼的婚姻走到了尽头。

据说，签完协议后，王赓曾遇见过一次徐志摩，他对这个情敌说："我们大家是知识分子，我纵然已经和小曼离了婚，但内心并没有什么成见；可是你此后对她务必要始终如一，如果你三心二意，给我知道，我定以激烈手段相对的。"

陆小曼离婚这件事，签离婚协议之类的一直背着她母亲吴曼华，因为母亲不同意女儿离婚，也不同意陆小曼和徐志摩来往。听说陆小曼离婚了，吴曼华气得与丈夫大吵了一架，她埋怨陆定不该这样惯着女儿，她认为这样做有辱家声，她还是比较欣赏前姑爷王赓。

陆定无奈地叹着气，他有什么办法，女儿自己闯的祸，只能自己收场，这样的结局，也是他所不愿看到的。

徐志摩觉得陆小曼已经是独身了，自己可以放心大胆去陆家了。他去了，可准丈母娘吴曼华一直不给他好脸色，不管他表现得怎样恭恭敬敬，吴曼华就是不买他的账。

徐志摩和陆小曼的恋情闹得满城风雨。

那是二十世纪二十年代的中国，这样的爱情故事，在当时便是非常具有轰动性的桃色丑闻。一般来讲，这种婚外情都是当事人捂着盖着，唯恐别人知道的。可徐志摩是新派人物，当初，他和张幼仪的离婚案已经轰动过一次了，他不在乎再因为爱情引发新的轰动效应。陆小曼的性格与徐志摩很像，他们都有点儿偏执加自由主义，她和徐志摩一样，也轰轰烈烈走出婚姻的围城，成为自由人。现在，两个人完全旗鼓相当了。

离婚没多久，陆小曼就病了，得了一场很严重的肺病。做母亲的吴曼华知道，女儿的病是心病，倒不是因为与王赓离婚这件事，而是因为她与徐志摩的事总也没有着落。女儿和王赓离婚，就是为了嫁给徐志摩，如果作为母亲的她总是阻拦着不让他们结婚，说不定会毁掉女儿的。

不过，如果想让她松口，那就总得有个台阶才是。

徐志摩恰好替吴曼华找了个台阶，他委托胡适到陆家，代自己向陆小曼的母亲提出结婚请求。

胡适在徐志摩和陆小曼的爱情中，是一个很有娱乐色彩的角色。徐志摩去欧洲避风头的时候，曾把陆小曼托付给胡适，让他替自己照顾，并及时为自己通风报信。这两件事胡适都做了。他确实照顾得很好，而且差点儿照顾到自己名下。

陆小曼也差点儿把对徐志摩的感情转移到胡适这边来，有信为证。

陆小曼用英文给胡适写情书：

我这几天很担心你，你真的不再来了吗？我希望不是，因为我知道我是不会依你的。

还有一封：

> 只希望你很快地能来看我。别太认真，人生苦短，
> 及时行乐吧。

胡适没有徐志摩的勇气，他知道，陆小曼这样的女人他
是驾驭不了的，三思之后，悄悄告退。

但是，胡适羡慕敬佩徐志摩的勇气，他自己家里也有一
个旧式婚姻的老婆江冬秀，这个女人不认识几个字，缠着一
双小脚，长得又不漂亮，完全是一位旧式乡村女子，比徐志
摩的老婆张幼仪差得远。自称"新人物"的胡适在美国留学
的时候也自由恋爱过，和一位名叫韦莲司的美国女郎卿卿我
我了两年多，给她写了一百多封情书。同时，同在美国留学
的中国才女陈衡哲也是他的红颜知己，他们之间的感情超出
一般同学关系。但是，胡适没有徐志摩那个胆量，他想爱不
敢爱，想离不敢离，最后，只能守着小脚女人江冬秀，哀叹
自己婚姻不幸。

因为深深懂得自由恋爱的珍贵，胡适接受了徐志摩的委
托之后，决定替徐志摩把这件事办得漂漂亮亮。

胡适一进门，吴曼华立即借着这个台阶给自己一个退路，
但是，她提了几个条件。

她提出的第一个条件就是，她要进一步确定徐志摩是不
是已经离婚，在徐志摩离婚这件事没确定前，不能谈婚论嫁，
因为她不想让自己的女儿做妾。第二个条件是，如果确定徐

志摩已经正式离婚，陆小曼和徐志摩结婚的时候，要请梁启超证婚，因为梁启超在全国负有名望，又是徐志摩的老师。第三个条件，他们的婚礼要在北平北海公园图书馆的礼堂里举行，她要让这场婚礼风风光光，尽管是二婚，也不能偷偷摸摸就把婚事办了。她觉得，这样可以替女儿挽回一些面子。

陆家父母这边已经基本搞定，下一步，徐志摩就该回家做自己父母的工作了，他知道这个工作的难度远比攻克陆家父母艰难得多，因为他和张幼仪离婚这件事，父亲至今还对他耿耿于怀。他和陆小曼在京城的风流韵事，父亲已经有所耳闻，并曾经郑重地警告过他。可他不但没听，还把人家搅和离婚了，现在又要把她娶回家。他能想象得到，父亲徐申如听到这个消息，会怎样暴跳如雷。

可即便再有难度，他也得回家和父亲谈这件事。

徐志摩还是先让胡适替他去做说客。但是，徐申如没有像陆小曼的母亲那样给胡适面子，他对胡适说，儿子离婚已是大逆不道了，如果再娶回一个轻薄的有夫之妇，徐志摩这辈子算完了，他不同意。

看来只有自己去做父母的工作了。春天，徐志摩从依然寒冷的北京回到家乡硖石，他支支吾吾地说起要和陆小曼结婚的事儿。

徐申如坐在老屋的厅堂中，铁青着脸，一句话都不说。

徐志摩说，他已经下定了决心，这个婚是必须要结的。

徐申如就急了，指着徐志摩的鼻子，骂声孽障，忽地起来，拂袖而去。

这个儿子才气确实不小，但是，真的不让他省心。当初，那个会摸骨算命的志恢和尚只算出了这个孩子将来必成大器，没算出他长大后风流成性，竟给祖宗丢脸。和张幼仪离婚这件事不光让他们在乡人面前抬不起头，面对张幼仪的兄长们，他们也不知道该怎样交代。好在张家人通情达理，人家没有兴师动众来找麻烦，没有到他们徐家来责问——张幼仪究竟做错了什么，你把人家休掉？

据说，徐志摩离婚是为了梁启超未过门的儿媳妇林徽因，老师家的儿媳妇也敢惦记，这小子真是叛逆啊。好在，人家林小姐没有因为他毁了婚约。徐申如实指望徐志摩还能和张幼仪复婚，现在，他却要娶那个名叫陆小曼的交际花！徐申如无论如何也不会答应。

父亲气哼哼地走了。母亲倒是还安坐在那里。徐志摩于是又对母亲说这件事，并让她劝劝父亲。

母亲长叹一声："这件事还得从长计议，咱们得征求一下张幼仪的意见，在没有得到她同意之前，这个婚是不能结的。"

徐志摩不解："这跟张幼仪有什么关系？我们现在离婚了，她已经和我没关系了。"

"可是，她还是我们徐家的媳妇，是你儿子的母亲啊。"

自己结个婚，却要征求那么多人同意，徐志摩心里愤愤不平，他想，征求完前妻的意见，是不是还要征求前大舅子的意见，征求儿子的意见呢？总之，好事多磨，没别的办法，他只能等。

在德国留学的张幼仪，在她回国之前的那个春天，连续收到徐志摩和公公婆婆寄来的几封信。

徐志摩已经很久不来信了，这次来信是向她求援的，他要和陆小曼结婚，父母不同意，说是要征求张幼仪的意见，徐志摩在信中恳求张幼仪给公公婆婆回封信，告诉他们自己不阻拦徐志摩再娶。

公公婆婆来信大抵也是这个意思，不过，他们不是让她写信回去，而是让她马上赶回国内，当面锣对面鼓说清楚，在没有征得她同意之前，他们是不会答应陆小曼进徐家门的。

本来这一切都与张幼仪不相干，现在她却成了局内人，她的意见举足轻重。

张幼仪本来是不准备回国的，公公婆婆说得这样恳切，她知道，这是人家在给自己面子，是表示尊重她这个徐家媳妇，她回去也是在帮他们。如果她这次不回去，他们会认为自己在看徐家的热闹。现在，徐志摩和陆小曼的事搞得徐家很没面子，如果张幼仪表现出一份大度，或许还能多少挽回一些名声，外人或觉得，徐志摩和陆小曼不是瞎胡闹，是大老婆张幼仪首肯的，心甘情愿和徐志摩离婚，让丈夫娶这个女人进门。

这些年不管徐志摩待自己如何，公公婆婆待自己不薄，在国外的学费生活费一直靠他们供着，这也是回报他们的一次机会。张幼仪把一切事情安排妥当，准备回国。恰好，她的八弟张嘉铸来看她，这个八弟对徐志摩热爱至极，崇拜有加，他出国留学连选择的学校都是徐志摩曾经读过的那几所，他并没有因为姐姐和徐志摩离了婚而对他有任何成见，反倒认为徐志摩浪漫大胆，充满勇气。

听说姐姐要他陪伴着一起回国，张嘉铸就提议：我们的回国路线是不是可以取道西伯利亚的大铁道回国。

张幼仪不解，直接回去就得了，干吗这样给自己添麻烦。

张嘉铸说，这是徐志摩当年来欧洲时候走的路，这样走，等于重走了一遍徐志摩走过的路，张嘉铸觉得这样走一遭特有感觉。

张幼仪的心里泛着说不出的滋味，这是什么兄弟啊！别人家的大舅子小舅子，如果摊上这么个姐夫妹夫的，一定会与他不共戴天，见一次打一次，必须打得他满地找牙！张家的这些兄弟们一个个对徐志摩崇敬成那个样子，自己这辈子是什么命啊，遇上个徐志摩这样的丈夫不说，还摊上了这样一群兄弟。

经过漫长的行程，初夏，张幼仪才回到国内，她在上海一家旅馆的豪华套间见到了几年不见的公公婆婆，徐志摩也在。

五年不见，公公婆婆明显见老了。

五年不见，张幼仪已经不再是当年的张幼仪，她一身洋装，干脆利落，完全是一个知识女性的形象。

她深深给坐在起居室的公公婆婆鞠了一躬。走的时候，她是徐志摩的妻子；如今，她是离了婚的张幼仪。

婆婆拉着张幼仪的手，泪水涟涟。她絮絮叨叨说着徐家对不起张幼仪之类的话，张幼仪的眼睛也有些湿润了。本来，她与屋里这几个人应当是不分彼此的一家人，如今，她却是一个外人。

徐志摩一直坐在起居室一头窗下的一个沙发内，他对女人们这种婆婆妈妈的叙旧没什么兴趣。

"你和我儿子离婚是真的吗?"徐申如突然说了这么一句话。

张幼仪很奇怪公公怎么会这么问，或许，虽然他们早就知道了这件事，但还是不相信徐志摩和她的离婚是事实，要从她这里得到确认。

张幼仪点点头，把语调保持到最平和的状态，说："是的。"

从张幼仪进门，徐志摩就一直坐在沙发里一声没吭，他的一只手很随意地搭在沙发扶手上。他的手上戴着一枚戒指，戒面镶的是一块成色极好的"勒马玉"，碧绿碧绿的，这种绿，是张幼仪见过的所有的翠玉中水头最好最绿的一个，所以，她忍不住多看了一眼，暗想，这个戒指应当非常贵重。后来她才知道，那是陆小曼送给徐志摩的订婚戒指。

徐申如从张幼仪口中听到儿子和她离婚的消息，疑惑地看了看站在面前的前儿媳，他大概以为张幼仪会在公公婆婆面前以弱者的姿态求他们给她做主，哭哭啼啼说自己不想离婚之类的话，但是，这个小女子却是泰然自若的。他不由得轻声叹息：看来，从洋人那里学了真经的这些年轻人，真是与众不同啊，他确实有些看不懂了。

徐申如沉吟了片刻，又问张幼仪："那你不反对他和陆小曼结婚？"

他的神情似乎是渴望张幼仪说不同意之类的话。

张幼仪却摇摇头，轻声说："不反对。"

徐申如和妻子面面相觑，如果他们知道张幼仪回来后是这样一个结果，或许，他们就不让她回来了。

倒是徐志摩，一听张幼仪的回答，他立即用敬佩的眼神看着她。他发现这个女人真是和过去那个土包子不一样了，上次去欧洲的时候他就注意到这一点，所以当时在给陆小曼的情书中还悄悄表扬了张幼仪："C（张幼仪）可是一个有志气有胆量的女子，她这两年来进步不少，独立的步子已经站得稳……"这一次，张幼仪又一次让他刮目相看，他以诗人的气质激动地高呼着，手舞足蹈地从沙发上弹了起来。刚才真有些错怪张幼仪了，从她一进来，他的心就提到了嗓子眼儿，怕她说些什么坏了自己的好事。看来这个女人真是心胸宽阔！如果换作他，也未必能做到像她这样啊。

他失态地伸出双臂，似乎要拥抱张幼仪一下，大概又觉得不妥，她已经不是自己的女人了，对一个妻子之外的女人，是不能随便搂搂抱抱的，他这个拥抱便停在半空，成了一个双手高举翩翩起舞的动作。

或许陆小曼送给他的那个戒指圈口太大了些，没想到，他这一挥舞手臂，手指上的戒指竟从敞开的窗口飞到外面的草坪上去了。

徐志摩慌忙跑下楼去寻。

正是初夏六月天，上海室外的草坪碧草青青，那绿色的戒指抛进草丛中，便隐起来再也找不见了。

本来很严肃的一件事，却变成了一场闹剧。屋子里所有的人都跑到外面，集体帮他在草丛里找订婚戒指。找来找去，那个戒指却仿佛蒸发了一样，再也寻不见了。

徐志摩从快乐的巅峰跌到沮丧的深渊，这么珍贵的东西，怎么可以丢掉呢？当初陆小曼送给他的时候，情意绵绵地说这个戒指象征着他们的爱情。可是，这样的爱情信物居然被他弄丢了！

找戒指的队伍寻找无果，就都回屋了。只有徐志摩一个人还在那里寻寻觅觅。

遗憾的是，那个戒指最终也是没找到。

北海公园婚礼上的闹剧

虽然张幼仪答应了不反对徐志摩和陆小曼结婚，可徐申如心里还在盘算着，不能就这样轻易让那个风骚轻薄的女子走进徐家的门。听说陆小曼的母亲提了几个条件，他觉得，自己也得提一些条件才是。

徐申如告诉徐志摩，他的婚事等回到硖石再作细谈。

从上海回到硖石，徐申如住到西山上的那套房子里，草拟了几个条件。

徐志摩先回北京向陆小曼汇报当前战况，至少，父母已经初步同意，这便是好兆头。

现在，她和陆小曼之间是一日不见如隔三秋，虽然才分离没几天，见了面却是情意绵绵。当然要先汇报好消息，而且在汇报的时候，要把父亲的那些不愉快以及其中的一些周折隐瞒起来。说完好消息，还要告诉她丢失订婚戒指的坏消息，这件事是隐瞒不住的，早说比晚说显得主动，这个道理徐志摩知道。

因为前边有一条好消息铺垫，后面的那条坏消息就被冲淡了，陆小曼微蹙了一下眉头，轻声责怪："怎么这样不小心，这么重要的东西你都能丢了。罢了，旧的不去，新的不来。赶明儿再给你买一个。"

徐志摩安抚好陆小曼，这才再次南下，回故乡硖石的西山，和父亲敲定他结婚的事。

徐申如已经拟定好了三个条件：

第一，他们的结婚费用自理，家庭概不负担；

第二，婚礼必须由胡适做介绍人，由梁启超证婚，否则不予承认；

第三，结婚后徐志摩和陆小曼必须南归，安分守己过日子。

父亲不出结婚费用这件事，徐志摩早就意料到了，不是家里没有钱，父亲这是亮明态度，这个儿媳妇不是他花钱娶来的，是徐志摩自作主张。婚礼要办得隆重一些，需要不少钱，自己的那点儿积蓄还是能应付下来的，这一个条件他答应。

婚礼由胡适做介绍人是没任何问题的，为了他们的婚事，胡适一直忙前忙后的，他是理所当然的介绍人。让自己的老师梁启超证婚似乎有些难度，因为梁启超始终对他和陆小曼的交往持反对态度，不过，看在师生情谊和徐申如的面子上，估计梁启超会答应这件事。

让他和陆小曼从北京回老家硖石，这件事就有些强人所难了，陆小曼这样一个活跃在大都市交际场的女子，怎么可能安坐到徐家的老屋里，像当年张幼仪那样大门不出二门不迈。但是，对父亲，有些话又不能明说，说多了，怕他一翻脸，这婚就结不成了。

徐志摩小心翼翼地看着父亲的脸色，低声说："这第三条还是免了吧，陆小曼有时候不懂事，在老屋里和母亲住在一起，一旦有个口角，怕气坏了她老人家。"

徐申如说："这个我早就想到了，没关系，我正在给你们盖新屋，很快就落成了，等秋后你们结了婚，正好回来住。一会儿我就带你去看刚起的楼基。"

徐志摩尴尬地点点头，父亲不愧为成功的商人，他的精明会算计，徐志摩早就知道，这次算是彻底领教了。目前，只能"曲线救国"，先答应父亲的条件，许多事结婚以后再从长计议，当务之急是顺顺利利把婚结了。

这次回京，徐志摩就要抓紧做婚前准备了。

这位绝世才子，最犯难的是怎样去请他的老师。他自己是不敢出面的，去年从欧洲回来，他去看望梁启超，师生很久不见，说起欧洲文学，说起世界新潮流，两个人谈得很尽兴，说来说去，话题就说到了婚姻爱情上。

可是说到这儿，谈兴正浓的梁启超脸色就有些肃然了。

梁启超素来喜欢这个弟子，他才思敏捷，文采出众，性格中有文人的洒脱，在许多事情上都有谦谦君子风度，只是一遇到女人，他就只剩下了风流浪漫。前几年他和张幼仪离婚，对这件事，他曾写信劝过徐志摩，但是，徐志摩铁了心要离，作为局外人，他也不好再说别的。后来他才知道，徐志摩离婚，说为了追求自己的准儿媳林徽因，对这件事，自己更不便多说，说多了显得自己太小气不厚道。徐志摩的态度是，"我将于茫茫人海中访我唯一灵魂之伴侣，得之，我幸；不得，我命"。好在一切都过去了，林徽因最终选择了梁思成。但是，坊间又有传言，说徐志摩又和自己另一个弟子王赓的妻子陆小曼恋上了，梁启超终于忍无可忍了，他狠狠指责徐志摩，教导他以"朋友妻，不可欺"的古训，说他这样做是伤风败俗有辱斯文。他责问徐志摩："你为什么不控制自己的感情，总做这些与道德相悖的事情呢？"

徐志摩真诚地说："我不是不想控制，是控制不住。先生，我努力了，但是我做不到。"

梁启超无奈地叹息一声，人无完人，这个徐志摩真是个情种，儿女情长控制不住感情的人，是做不成大事的。

那天从梁启超家出来，师生二人基本上是不欢而散。所以，徐志摩是不敢亲自登门去求梁启超证婚的。这一次，他还得烦劳他的好朋友胡适出面，胡适比自己会周旋。

胡适也是硬着头皮来到清华园梁启超的住处。为了徐志摩的事，他做说客啃了几次硬骨头，但这一次他也不敢保证能不能请动梁启超。

胡适到了梁启超的家，先聊别的，最后才说起徐志摩结婚的事，他说：徐志摩请你做证婚人。

梁启超很干脆地摇摇头说：不去。

胡适说，这是徐志摩父亲徐申如和陆小曼母亲吴曼华不约而同提出的条件，这对年轻人自由恋爱也不容易，你不是也提倡婚姻自由吗，就成全他们吧。

梁启超勉勉强强算是答应了，他说自己在婚礼上也许会即兴说些什么，如果徐志摩不计较，他就去。

胡适说徐志摩不会计较的，你是他的老师，老师都是为学生好，这点儿道理徐志摩是懂的。

劝动了梁启超，胡适不禁长出一口气。能搬出梁启超来，多不易啊，他真是特别有成就感。

于是，徐志摩这才走到了发请柬的环节。

他草拟发请柬的名单的时候，想到了张幼仪，请她还是不请她？

若是请她，她到了现场明摆着会给他难堪；若是不请她，又显得他徐志摩做事不大气。他想，姑且不把她当作离了婚的前妻，而是当作自己的朋友看待，这样的话，给她一份请柬也无妨。再说，父母也说了，以后把她收做女儿，兄长结婚，请妹妹参加，也在情理之中。

于是，一份大红请柬便寄到了张幼仪的住处。当时，张幼仪就住在北平，儿子阿欢要上学，她得陪着他读书。

那份请柬落寞地躺在桌子上。张幼仪的心里非常不舒服，虽然那天她亲口答应了徐志摩娶陆小曼，可真到了他们要结婚的时候，在感情上她还是接受不了。这张请柬无异于在她即将结痂的伤口上又划了一刀，也许徐志摩这样做是无意的，可是对于张幼仪来说，这是一件无比痛苦的事。

八弟张嘉铸来张幼仪的住处闲玩，他平时住在上海哥哥的张公馆，得了闲经常来北平，他已经是徐志摩新月社的成员了，经常和新月社的其他成员们混在一起，这次来也是为新月诗社的事奔走。看到桌上的请柬，张嘉铸也不看张幼仪的脸色，没心没肺地问姐姐："徐志摩的婚礼请柬啊，你去参加吗？"

张幼仪摇摇头。

"为什么不去呢，你不去那我就自己去了。"

张嘉铸这话不是在开玩笑，徐志摩与陆小曼举行婚礼那天，他西装革履盛装出席，去给他崇拜的大诗人捧场。如果他是普通人，也就罢了，但他是张幼仪的亲弟弟，张家只有他一个人欢天喜地出现在了婚礼现场，让所有人都觉得这个前小舅子不可思议。张嘉铸对徐志摩追捧了一生，为了徐志摩的新月社，他在上海出资创办新月书店；徐志摩飞机失事，他带着外甥去处理后事；到了晚年他的孙女张邦梅根据张幼仪的口述写传记：《小脚与西服：张幼仪与徐志摩的家变》，张嘉铸嘱咐孙女，"客气一点儿，不要把徐志摩写得很不堪"。临终的时候，还交代给家人：死了别放哀乐，在他的墓前朗诵几首徐志摩的诗就行。

对于弟弟是不是参加徐志摩婚礼的事，张幼仪管不了那么多，他愿去就去吧，随他自己。

10月3日，秋日的北平天气正好，徐志摩和陆小曼的婚礼在北海公园的画舫斋举行。

婚礼并没有人们设想的那么大排场，来贺喜的都是些文化界、教育界名流。张幼仪自然没有参加，徐志摩的父母也没有到场，不过徐申如提前给儿子拍了电报："尔婚事如何办理尔自主之，要款可汇。"毕竟是自己的儿子，这个父亲心里还是疼儿子的，虽然他提出结婚费用自理，家庭概不负担，但那只是气话，到了关键时候，他的心还是软的。

梁启超应邀参加了，他一袭藏青色长衫，仙风道骨般儒雅。

胡适坐在介绍人席上，梁启超被引领到证婚人席上坐定。

胡适作为介绍人，说了几句溢美之词，都是套话，中国婚礼上的发言基本上都是无用的套话，人们听过就忘了。

下面，梁启超的发言则让人永远也忘不了。轮到他这个证婚人说话了，他站起来，出乎意料，说出了一段谁都设想不到的证婚词：

我来是为了讲几句不中听的话，好让社会上知道这样的恶例不足取法，更不值得鼓励。

徐志摩，你这个人性情浮躁，以致于学无所成，做学问不成，做人更是失败，你用情不专以致离婚再娶，以后务要痛改前非重新做人！

陆小曼，你和徐志摩都是过来人，我希望从今以后你能恪遵妇道，检讨自己的个性和行为，离婚再婚都是你们性格的过失造成的，希望你们不要一错再错，自误误人。

不要以自私自利作为行事的准则，不要以荒唐和享乐作为人生追求的目的，不要再把婚姻当作是儿戏，以为高兴可以结婚，不高兴可以离婚，让父母汗颜，让朋友不齿，让社会看笑话！

总之，我希望这是你们两个人这一辈子最后一次结婚！这就是我对你们的祝贺！

我说完了！

梁启超在那里振振有词，字字千钧，掷地有声，漫说两位新人羞愧难当，就是来参加婚礼的宾朋们都觉得有些难为情了。这个梁启超，太耿直太率真太不近人情了，这让徐志摩和陆小曼情何以堪，这不是明摆着得罪人嘛。

那证婚词让徐志摩心里不舒服，但是他知道老师是为他好，所以，并没有记恨在心。第二天，便带着陆小曼亲自到清华园登门致谢。梁启超语重心长地对徐志摩说："昨天的话是重了些，但是字字句句都是为了你好，希望弟子牢记。"

徐志摩恭恭敬敬地说："先生的一片苦心弟子明白，唯这番教训最让我刻骨铭心。"

当时，正赶上蒋百里的侄子去拜访梁启超，他把婚礼上的训词交给蒋百里的侄子，委托他裱成手卷送给徐志摩，让他时时提醒自己。

那天，梁启超还给儿子梁思成和准儿媳林徽因写了一封信，信上提到了婚礼证词一事：

> 我昨天做了一件极不愿意做之事——去替徐志摩证婚。他的新妇是王受庆夫人，与志摩恋爱上，才和受庆离婚，实在是不道德至极。我屡次告诫志摩而无效。胡适之、张彭春苦苦为他说情，到底以姑息志摩之故，卒徇其请。我在礼堂演说一篇训词，大大教训一番。新人及满堂宾客，无一不失色。此恐是中外古今未闻之婚矣。今把训词稿子寄给你们一看……徐志摩这个人其实很聪明，我爱他不过，此次看着他陷于灭顶，还想救他出来，我也有一番苦心，老朋友们对于他这番举动，无不深恶痛绝，我想他若从此见摈于社会，固然自作自受，无可怨恨，但觉得这个人太可惜了，或者竟弄到自杀。我又

看着他找得这样一个人做伴侣，怕他将来苦痛更无限，所以想对于那个人当头一棒，盼望他能有觉悟（但恐甚难），免致将来把志摩累死，但恐不过是我极痴的婆心（便）了。

梁启超是有先见之明的。徐志摩与陆小曼结婚后，即陷入琐碎的家事困顿中，他努力挣钱，努力维系、满足陆小曼的奢侈生活，五年之后，便付出了年轻的生命。

回头想想梁启超的那段婚礼证词，这确实是徐志摩一辈子的最后一次婚姻，这次婚姻是不是完美，徐志摩自己心里是知道的。

不受徐家欢迎的新妇

按照徐申如在徐志摩婚前提出的三个条件，结婚之后，徐志摩和陆小曼就必须离开北平，去家乡硖石居住。

10 月 3 日举行完婚礼，拜访完北平的亲友，农历九月初九，他们南下，先来到上海。

陆小曼从来没到过乡下，她对去小镇里生活是很抗拒的。他们先在上海住了一个来月，直到实在拖不过去了，才磨磨蹭蹭回到硖石。

徐申如直接让他们住进了刚落成的新房中。

这座新宅子是一套中西合璧式的小洋楼，坐落在硖石镇干河街上，离西河街的祖屋有一段距离。小洋楼建筑面积六百多平米，前后两进，前面的主楼三间二层，带东西厢房，后楼也是三间二层，层顶有露台。一进门，正门后面的砖雕"东海安雅"四字刚刚雕成，看上去还很新。

徐志摩也是第一次走进这座小洋楼，小楼里有那么多房间，大约要有二十来间的样子，极为宽绰。房间里有冷热水管，有电灯，还有浴室。楼下的深黄印花地砖居然是从德国进口的，连窗户上的彩色玻璃都是从德国进口的。

在硖石，甚至在当时的中国乡村，这都算得上一座豪宅。虽然徐申如嘴上反对儿子和陆小曼结婚，但是，对于自己的独生儿子，他还是宠爱有加的，否则，不会斥巨资为他修建这样一座宅院。

对于这所乡下的新居，陆小曼也很满意，她和徐志摩的新房在正楼东厢房，里面的家具都是粉红色的西式家具，连窗帘也是粉红色的丝质绸帘，色调温馨，高贵华美。

到了新居，徐志摩带着陆小曼去给父母请安。

徐申如和妻子也搬到了新楼来住，他们住在主楼的西厢房，在他们旁边那间卧室是给张幼仪留着的。

经过给张幼仪留着的那间卧室，新婚夫妇来到徐申如夫妇的房间。

徐申如板着脸，并不正眼看陆小曼，婆婆则用挑剔的目光冷眼看着这个传说中轻佻的儿媳妇。

11 月底的天气已经很冷了，陆小曼依然穿着时尚轻薄的裙装，修剪得细细的眉毛下有一双水汪汪的不算太大的眼睛，肤色却是很白。

陆小曼的目光与婆婆冷冷的目光撞到一起，她急忙躲闪开，从婆婆并不友好的目光中，她感觉到了，他们还是不接纳她。

徐志摩打了圆场，他说："儿子儿媳来给父母大人请安了。"

话音一落，他就在地上开始跪拜，陆小曼只是浅浅鞠了个躬。

徐志摩爬起来，在陆小曼耳边轻声说："这样不行，要磕头。"

陆小曼尴尬地僵在那里，她从来没有磕过头。

徐志摩和她咬着耳朵说，这个头是必须磕的，不但这个头要磕，这几天在镇子里，还有许多要磕的头，比如族里的亲属们，乡里的各种表亲大辈，都得拜。

陆小曼别别扭扭生硬地给公公婆婆磕了头，在他们房里停留片刻，就逃也似的离开了。

听说徐志摩的新媳妇回来了，整个硖石古镇都癫狂起来，他们都耳闻徐家少爷休了过去的媳妇，从北京娶回来一个妖艳的二婚女人。出于好奇，大家都挤过来看热闹，所以，徐志摩这次结婚的热闹程度，一点儿也不亚于当年娶张幼仪的时候，闹新房的人络绎不绝。

当初和张幼仪结婚的时候，对于那些闹洞房的，徐志摩不闻不问，好像被闹的那个新娘子和自己一点儿关系都没有。

这次却不同了，他一次次出面阻止，告诉乡亲们不要闹得太狠了，陆小曼没见识过这个，她适应不了。

依照乡间的审美，硖石镇的人们觉得，徐志摩娶的这个新妇除了时尚新潮，会打扮些，脸白些，长得还没有第一个媳妇张幼仪好看，他们倒感觉，张幼仪比这一个更端庄些，更耐看。这个女人乍一看挺好看，看上几眼之后，就不受端详了。最后得出的结论，这个新媳妇不过就是个装扮不错的花瓶，瓶胎不咋地。

陆小曼只能入乡随俗，回到硖石，等于补办一次乡村的婚礼，她也要像村里的媳妇一样，被狠狠折腾一回。

既然还要补办一次婚礼，陆小曼便想起乡下女子出嫁都要坐轿子的，这个她没坐过，一定要趁机体验一回。她让徐志摩对公公说，她要坐红轿子。

女人一生只能坐一次这样的轿子，陆小曼是嫁过一次的人的，按乡俗，这样的二手女人是没有资格坐红轿子的。徐申如不能破了乡间的风俗，就说，轿子还是免了。

陆小曼坚决不同意，她耍着小姐脾气说，轿子非坐不可，这种轿子要六个人来抬，她就要坐这样的轿子补办婚礼。

她的这个要求当然最后是满足了，但是弄得徐申如心里非常不愉快。

不过，补办婚礼的其他程序倒还顺利。

关于回硖石后的情况，徐志摩在一个星期后给好朋友张慰慈的信中写道：

上海一住就住了一月有余，直到前一星期，咱们俩才正式回家，热闹得很哪。陆小曼简直是重做新娘，比在北京做的花样多得多，单说磕头就不下百次，新房里那闹更不用提。乡下人看新娘子那还了得，呆呆的几十双眼，十个八个钟头都会看过去，看得陆小曼那窘相，你们见了一定好笑死。闹是闹，闹过了可是静，真静，这两天屋子里连掉一个针的声音都听出来了。我父在上海，家里就只妈。每天九点前后起身，整天就管吃，晚上八点就往床上钻，曼直嚷冷，做老爷的有什么法子，除了乖乖地偎着她，直偎到她身上一团火，老爷身上倒结了冰，你说这是乐呀还是苦？咱们的屋倒还过得去，现在就等炉子生上了火就完全了。晕乎乎的福。

徐志摩写这封信的时候，父亲徐申如已经离开硖石，去上海了。

徐申如本是想趁着给儿子补办婚礼，在老家多住些日子，但是，新娶来的这个儿媳妇，他就是看着不顺眼。

陆小曼虽然按照乡间的要求，磕了一百多个头，磕得晕头转向的，但是，做这件事的时候，她只是觉得好玩，并没有认同乡间的那些规矩。

她也知道该讨得公婆的欢心，可具体该怎么做，她并不知道。其实她是个天真的女子，没有张幼仪成熟，为公公婆婆请安奉茶之类的事她做不来，一是不懂，二是拉不下脸皮。

新式女子，不请安不奉茶，徐申如夫妇心里不舒服，却也不挑，他们已经意料到了会是这样。让他们不能容忍的是陆小曼的随性和轻佻，当着他们的面，她就和徐志摩眉来眼去嘻嘻哈哈的。

吃饭的时候，一家人是要聚在餐厅里一起用餐的，陆小曼发起嗲来，便要让徐志摩把她吃剩的半碗饭立即吃掉。

徐志摩如果给她使个眼色，或者告诉她父母仆人都在呢，这里不是调情的地方，事情也许还好一些。赶上徐志摩激情正浓，把纲常伦教和宗法家风都忘到了一边，他居然真的端起陆小曼的那只碗，把剩下的饭有滋有味地吃进去，还不时欠着身子去喂她。

那半碗饭已经凉了，徐志摩没发现母亲那责怪的目光，她一方面觉得陆小曼这样做不妥，一方面心疼儿子吃下那半碗冷饭，吃这样的冷饭是要生病的。

正餐之后，吃个苹果，也是你一口我一口，两个人一起咬着吃。那场面，对于徐申如夫妇来说真是非一般的不自在，连仆人都尴尬地把头扭到一边。

徐申如匆匆喝了口汤就摔下筷子起身而去，他的妻子也草草扒拉了两口饭离开餐厅。于是就剩下徐志摩和陆小曼两个人，在那里慢慢享受他们的浪漫时光。

回到自己居住的西厢房里，徐申如指着随后进来的他的妻子的鼻子说："你生的这个逆子，真给我丢人。"

他的妻子也无奈地叹着气："我能怎么办？人家一口一口吃饭呢，我总不能夺下人家的勺子吧。"

徐申如说："亏得阿欢跟着他妈妈在北京上学呢，若是被孩子看到，成何体统。"

"所以我们才让阿欢跟着幼仪，不让他回来嘛。"

"这个家没法再待下去了，你打理打理箱子，明天我就去上海。"

他们正声讨徐志摩和陆小曼的时候，就听到窗外一阵咯咯的娇笑，顺着声音望去，却见徐志摩和陆小曼从楼下用完餐正一起上楼——陆小曼是被徐志摩抱上去的，她撒娇地躺在徐志摩的怀里，不时亲吻一下他的脸。

徐申如看得脸红心跳，他一边无语地用手指着楼梯口，一边狠狠地跺着脚。

徐志摩的母亲也觉得这个女人有些太懒了，你长着一双大脚，竟然要我儿子抱，哪有这样不心疼丈夫的女人？

第二天，徐申如就离开硖石去了上海，离家之前，他把徐志摩和陆小曼叫到自己的房间，对他们交代：这个家不仅仅是他们的，也有张幼仪的一份。早在他们结婚前，她就把张幼仪认为了养女，虽然没举行什么仪式。这件事，徐志摩也是知道的。所以，他要把家产分成三份，他们老夫妻留一份；给徐志摩和陆小曼一份；剩下的那一份是张幼仪和阿欢的。

徐志摩说他没有意见，即使没有张幼仪的，也该有儿子阿欢的，这是天经地义的事，张幼仪的那一份实际上就是替阿欢在保管，他心里是清楚的。

　　陆小曼当然不敢参与任何意见，徐申如即使一点儿财产都不分给徐志摩，她也没有说话的份儿。在除了徐志摩之外的徐家人眼里，她是个不受欢迎的新妇。大家都觉得，是她把好端端的徐志摩带坏的，她有口难辩。像徐志摩那样一个有个性有思想的人，哪里是什么人随便就能够带坏的。

　　徐申如离开硖石到了上海之后没几天，就给妻子写信，让她也去上海，他知道那个思想保守的老太婆守着这样一个洋派的儿媳妇，心里也不舒服，说又不能说，时间长了怕是会给憋屈坏了。

　　到那年的冬季，硖石的那座小洋楼里，便只剩下了刚结婚的徐志摩和陆小曼。

　　公公婆婆双双离开这个家，明摆着是在躲陆小曼，所以，刚开始，陆小曼心里很不舒服。心情郁闷，再加上小镇的条件和大城市比还是差了很多，小洋楼建得再好，里面也是冷冰冰的。各种的不适应，让娇小姐出身的陆小曼得了肺病，每天娇喘吁吁，张扬的大都市交际花，变成了足不出户的林黛玉。

　　在徐志摩的体贴和照顾下，陆小曼的身体得以慢慢康复。体力渐渐恢复之后，她发现，住在这里其实也不错，公公婆婆都被自己气跑了，不再监视自己了，现在，这里完全变成了自由自在的二人世界。这个世界上，只要有徐志摩就够了，守着他的才情，他的浪漫，他的深情，一辈子不走出这个小镇子也无妨。她在小楼中养了许多花花草草，每天除了陪着徐志摩读书写文章，就是侍弄花草。

　　徐志摩那段日子过得也很惬意，有红袖添香，有美人相伴，过着隐居著书的隐士生活，那是他生命中最美好的一段时光。

　　徐申如把硖石的家丢给了徐志摩和陆小曼，他和妻子住到了上海。

　　现在反倒是他们老夫妻有家不能回了。

　　在上海住了一阵子，他们又来到天津。徐申如想孙子了，他给北京的张幼仪拍了封电报，让她带着阿欢到天津的旅馆中和他们见面。

　　张幼仪以为公公婆婆和徐志摩陆小曼住在一起呢，一看电报是从天津拍来的，着实吃了一惊，两位老人什么时候去天津了，原来他们住得离自己这样近。

　　她立即带上儿子，冒着冬日的寒风，坐上火车前往天津，按照电报上的地址找到那家旅店。

　　公公婆婆的气色不是特别好。徐申如皱着眉头，看上去很烦心的样子。婆婆则唉声叹气，一见到张幼仪，就诉说那个陆小曼多么的不懂事，比如一个二婚女人闹着要坐红轿子，让徐志摩替她吃剩下的冷饭，让徐志摩抱她上楼。末了，老太太得出的结论是：这个女人连八岁的阿欢都不如！

　　鉴于上面的那些原因，他们便到北方找张幼仪了，他们认定，只有张幼仪才是他们的儿媳妇，那个女人他们指望不上。

张幼仪默默听完婆婆的倾诉，当她说只认自己是他们的儿媳妇的时候，她觉得这样一来，自己的地位就太尴尬了，徐志摩也会对自己有意见。

但是，现在两位老人正在气头上，她也不好就此撒手不管。所以，就把他们从天津接回北京自己的住处，先把他们安顿好了。

马上就要过春节了，她不能让他们在旅馆里孤独地过年吧。

❺

不甘枯萎，便要做绽放的玫瑰

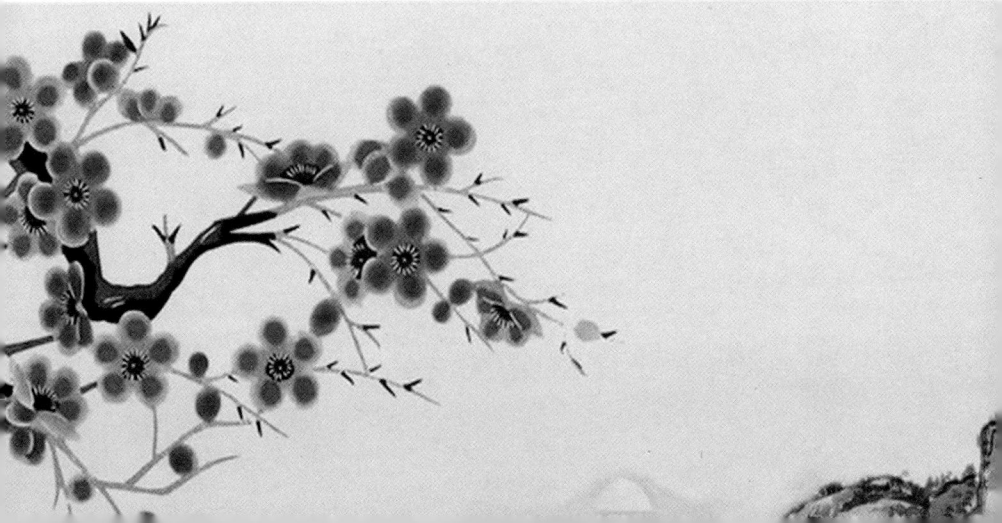

弃妇的华丽转身

自从在徐志摩递给她的离婚合同上签上自己名字的那一刻起，过去那个张幼仪就不存在了，她彻底告别了自己的过去。

按照从小母亲的教诲，她学遍了《女儿经》之类的做好女人的经典，为的是嫁人之后讨得公婆丈夫的欢心，一辈子做贤妻良母。她做得够贤良够到位了，但依然没有逃脱下堂妇的厄运。她想靠着功成名就的娘家兄弟们为自己撑腰，他们顾及的只是娘家的脸面，没人真心体味她的痛苦。

她发现，不但丈夫靠不住，连娘家的兄弟也靠不住，一切只有靠自己。

如果她在婚姻面前被打垮，便彻底枯萎了。她才二十岁刚刚挂零，绝不心甘情愿就此凋零，她要做绽放的玫瑰。

一个人带着刚出生的幼子，一个人在陌生的异国他乡求学，她的快乐是她那个可爱的小儿子彼得，但是，彼得得病死了。她哀叹命运的不公，为什么总和她这个弱女子过不去。

从失去小儿子的悲痛中再次站起来，张幼仪已经成为百炼成钢的坚强女子。

她离开伤心之地柏林，到汉堡继续她的学业，她要用学得的知识改变未来的命运。她打算学成之后，将来回到国内找一份教职供养自己。

公公婆婆写信让她立即回国的时候，她那时还没有回国的打算，无奈他们催得急，她只好收拾行囊，离开德国，踏上回国之旅。

怀抱着彼得的骨灰，她告别了生活了五年的欧洲。去的时候，她还是一个不会说几句外语，举手投足之间都带着拘谨和小气的家庭妇女，按照徐志摩的话说是个土包子。而现在呢，她的气质彻底变了，她优雅知性，精通几国语言，完全令人刮目相看了。

回国的行程她尊重了八弟的选择，绕道西伯利亚回到了祖国的土地上。

一踏上这片土地，她骤然激动起来，很快，就可以看到分别几年的父母了，就可以和大儿子阿欢重逢了——她走的时候，阿欢才三岁，现在应当是个半大少年了。

尽管她非常想念南翔那个家，那里有她童年少年的欢乐，但是，现在，父母已经搬离了那个地方，两位老人家搬到了上海慕尔鸣路的张公馆居住，所以张幼仪回国的第一站，就是去看望自己的父母。

五年不见，父母明显见老了，老得有些不成样子了，一见到她，母亲立即把她紧紧抱住，喜极而泣。

张幼仪抹着眼泪说："别哭，我这不是好好的吗。"

"回来就好。"父亲在一边轻声说。

从他们的表情中，张幼仪感觉到了，他们不知道从什么渠道已经隐隐约约知道了一些她和徐志摩之间的事，这些年，他们为这个独自漂泊在外的女儿操碎了心。

四妹为她奉上一杯香香的热茶，这是家乡的味道，多少年没喝到这样的香茶了。她的四妹已经长成亭亭玉立的大姑娘了，大姐三妹都出嫁了，只有这个四妹还待字闺中，在家陪伴着爹娘。

回家第二天，张幼仪在上海的宾馆中见了徐志摩的父母，她让他们确认自己已经与徐志摩离婚，而且不反对他和陆小曼结婚，让他们踏踏实实操办婚事。然后，在公公婆婆的陪伴下，带着小儿子彼得的骨灰，她赶赴硖石，去看望自己的大儿子阿欢。

站在家门口的那个白白净净的男孩子是阿欢吗？

奶奶说："阿欢，你看谁来了？你妈妈回来了。"

阿欢愣在那里，用疑惑的目光看着张幼仪。妈妈走的时候，他刚刚三岁，这五年间，妈妈只是他心中的一个符号，突然，这个穿着西洋服装的女人站在他面前，让他喊妈妈。他不免一时语塞了。

这是妈妈吗？和隐约的记忆中的那个妈妈有些不一样了。

张幼仪搂住快和她差不多高的儿子，他现在是一个模样酷似徐志摩的可爱小少爷，皮肤白白的，身材细长，那模样那做派，完全是徐志摩的翻版。他的模样长得和小儿子彼得完全不一样，彼得长得更像妈妈。原本，她是希望她的两个儿子将来生活在一起，现在，她带回的只是小儿子的骨灰，她要把这个从来没有机会回家的小儿子带回来，把他安葬在徐家的坟中。

血浓于水，阿欢很快就和妈妈熟络起来，他给妈妈看他的作业本，给她背诵古诗词，八岁的阿欢就像小时候的徐志摩一样，在家中的私塾跟着先生读书。因为没在父母身边，爷爷奶奶已经把这个孩子宠得不成样子。八岁了，他还不会自己穿衣服，而且每天要吃很多糖，他张开嘴巴的时候，便会露出满嘴被蛀坏的牙齿，因为牙齿不好，吃不了太硬的东西，家里的厨子便给他做软乎乎的狮子头或者回锅肉吃。

张幼仪觉得，阿欢应当到大城市的正式学堂去上学，她想带他走，她不能再待在硖石这个地方，离婚了，这里便与她没有关系了。尽管公公婆婆说要收她做养女，那不过是给她一个面子上的交代，更确切地说，是给张家一个面子上的交代。张家的兄弟们在社会上都是有头有脸的人，他们也不想得罪。

把儿子带出这个小镇，让他去哪里上学呢？

张幼仪想到了北平，对，就带他去北平。那里的教育条件是最好的，还有一点就是，那里离他的父亲近一些，他还可以经常见到爸爸。另外，她还有一点私心，就是想在北平找一份工作，她不想再做家庭妇女了。

徐申如夫妇没有反对张幼仪的提议，大概他们也觉得，这个孩子应该交给张幼仪来管理，他们以后老了，没有更多精力来教育小孩子了，而徐志摩要和陆小曼结婚，他们觉得陆小曼那样的女人是教育不好孩子的，必须让他们的孙子远离那个女人。

张幼仪开始筹划让阿欢去北京读书的事。

徐申如则在筹划自己的家产分割的事，徐志摩马上又要结婚了，如果娶了一个靠谱的女人，他大约还不会这么急着就想把祖祖辈辈积累的这点儿家业分割开。但是，现在不一样了，他必须早作打算，听说那个陆小曼是个爱花钱会挥霍的女人，她会把自己的这点儿家业很快就败光的。所以，他决定把家产分成三份，除此之外，每个月还要给张幼仪三百大洋，支付孙子的教育经费。

张幼仪带着阿欢到了北京，为阿欢找到一所学校。

徐志摩和陆小曼结婚了，儿子上学了，生活又进入一种新的秩序中。张幼仪开始为自己的事业作打算，她想，自己应该尽快找一份工作，最好是在学校教书，这样就可以一边工作，一边照顾儿子。

新的打算还没开始实施，公公婆婆便到这里来了，他们忍受不了陆小曼的做派，要在北平和张幼仪同住。

马上就到春节了，张幼仪不好推脱，便让他们留下来陪着孙子过年。她料到徐志摩知道了这件事会不高兴，果然，徐志摩来电话了，他问张幼仪，是不是她写信让父母到北平的。

张幼仪解释说，她没有写信，是他们自己要过来的，她何必要这么做呢，理由是什么？

徐志摩说，其实父母在哪里也没什么大事，只是让陆小曼没面子。

张幼仪便不想作任何解释了。陆小曼有没有面子是她自己的事，面子是自己挣来的，或许，她根本就不在乎这种所谓的面子。

几天后就是中国的春节了，阿欢第一次在北方过春节，而且不但有爷爷奶奶陪着，还有妈妈在身边，那个春节他特别开心。徐申如夫妇表面上看起来很高兴，但是，张幼仪看得出，他们心里还是在惦记在老家硖石的儿子徐志摩，他们觉得，陆小曼照顾不好他们的儿子，不知道儿子这些日子吃了多少苦。

本来张幼仪是想在北平生活下去的，可是没过多久，上海那边就拍电报过来说母亲病危了，所以她只得离开北平回到上海，从此又到南方打拼去了。

与公公婆婆一起回到上海，因为徐志摩和陆小曼住在硖石，这对老夫妻就暂时住在了上海，没有急于回老家。

张幼仪则直奔娘家，那时候，母亲已经处于弥留之际。她亲手操办了母亲的丧事。

母亲去世百日之后，父亲就也跟着去世了。很遗憾，她还没来得及在父母身边尽孝，六十岁刚挂零的父母便双双逝去了。母亲去世的时候，隆重的葬礼上，张幼仪都没见到徐志摩的踪影。张幼仪已经习惯了自己的生活中没有徐志摩，她宽容地想，一个离了婚的前姑爷，与她划清界限是可以理解的。不过，她的兄弟们对徐志摩那样器重，他真的该照顾到前大舅子们的面子来露上一面。

张幼仪后来说："徐志摩没有出席任何一场我父母的大殓仪式。我并不指望他为了我的情面到场，却希望他能看在我兄弟的面子上露面；可是我兄弟并没有因为徐志摩缺席而觉得受辱。"

父母在的时候，有时候她还觉得自己是个没长大的孩子，现在她必须瞬间长大，必须学会在没有人责骂管教的情况下，独自明辨是非。

过去，这个家有父母支撑着，尚未结婚的弟弟妹妹还有家可回；父母不在了，她这个姐姐应当为弟弟妹妹撑起一个家。她回到北平，退掉了租住的房子，把阿欢转到上海的学校上学。因为过去父母在上海租住的房子租金太高，她选择了离上海有半小时火车路程的一个小镇。这样做，也是因为她不但要照顾儿子，还要照顾弟弟妹妹。

四哥张嘉璈在上海英租界海格路 125 号有一栋小洋楼，那一带是上海的顶级富人区。当时，张幼仪一边照顾没有婚嫁的弟弟妹妹，一边算计着租金过日子，这和张嘉璈的生活形成很大反差。某一日，母亲给张嘉璈托梦，责问他怎么可以丢下弟弟妹妹不管，他应当照顾他们才是。梦醒之后，一向迷信的张嘉璈夫妇觉得这是母亲显灵了，他们应当按照母亲梦中的要求去做。于是，夫妻俩搬出了自己的家，让张幼仪他们住进来。

范园那一带的房子都是西式豪宅，在绿树成荫的海格路两侧，这些高级花园住宅建筑的整体造型及平面布局自由灵活，都有高大的落地大玻璃窗，还有车库、娱乐活动室等，附近则有网球场和篮球场，西北面还有一条缓缓流淌的小河，张幼仪很喜欢这个地方。四哥把这里让给他们住，她一开始还觉得有些忐忑，看四哥一片诚意，她只好恭敬不如从命，于是张幼仪便成了这所房子名副其实的女主人。

搬到了市中心居住，家里的一切都安顿好了，张幼仪就又想起找工作的事情来。

她必须找一份工作，她不但要靠这份工作养活自己，也要靠这份工作养大阿欢。虽然公公婆婆现在每月给她三百大洋，虽然公公说要把家产的三分之一交给她管理，但她总觉得那些用着都不踏实，只有靠双手挣来的才是自己的。

　　她留意各种报纸的广告，正好上海的东吴大学分校需要一名德文教师，这个工作她能胜任。于是，她好好装扮了一下自己，把从德国带回来的那套洋装穿上，满怀信心地准备去应聘。

　　阿欢早上要去上学的时候，发现妈妈今天的状态与以往不同，就问妈妈要去做什么？

　　张幼仪神秘地说："暂且保密，等有了结果再告诉你。"

　　四妹挑剔地看着张幼仪身上那身洋装，说："其实这身衣服并不好看，虽然很职业，却没有女性特点，要不我给你找一身我的旗袍？"

　　张幼仪知道，四妹有好多件漂亮的旗袍，她是个时装迷，每一件旗袍都裁剪考究，有的衣服就是她自己设计自己缝制的。若是在五年前，张幼仪也喜欢把自己装扮成柔媚的小女子，但是，现在不了，她更喜欢素雅大方的服饰。

　　东吴大学是基督教监理会在中国创办的一所西制大学，校方对教职员工的要求很严格，因为张幼仪厚实的德语底子，她还是应聘上了，于是，她成为了东吴大学的一名德语教师。

　　这是她生命中的第一份职业，她从少女时代就梦想着走上讲台当老师，现在，这个愿望终于实现了。还有更重要的一点——她现在也是职业妇女了，大学教师，应当也算知识分子吧。她可以骄傲地对徐志摩说：我终于走出来了，不再是被你用轻蔑的口气称作土包子的张幼仪了。

第一次走上讲台，张幼仪没有胆怯，她自信地先用德语问候了课堂上的学生们，然后开始了她的第一堂课。她纯正流利娴熟的德语，赢得了学生们的一致好评。

几乎就在张幼仪从北平来到上海的同时，徐志摩和陆小曼也离开硖石，迁居到上海。徐志摩在上海的职业也是大学教师，他出任了光华大学、东吴大学、大夏大学三所学校的教授。后来张幼仪才知道，他之所以让自己这么累，都是因为陆小曼挥霍过度，挣钱少了根本不够花。

这下子，张幼仪和徐志摩第一次扯平了，他们都是大学教师。

云裳时装公司女老板

八弟张嘉铸是个脑子灵光，闲不住的人，他这一点和徐志摩很像。他一边为徐志摩的新月社忙活上海新月书店的事，一边还想着搞个新的产业。

做什么能赚钱呢？他费尽心思天天在那儿琢磨。

四妹喜欢时装，就半开玩笑半认真地对他说："开个时装公司好不好？"

张嘉铸眼前一亮，嗯，靠谱，没准还真行。

四妹说，让这家公司专门做好看的旗袍。

张嘉铸马上又把四妹的提议否决了："No，No，光做旗袍就没特点了，整个上海有多少家旗袍店啊，数不胜数啊，要做就得做出自己的特点。"

这件事考虑了几天，张嘉铸越想越觉得这个生意可以做，但是，他需要启动资金，需要有人和他一起做。

哥哥们是不会看上这种小公司的，他们都是做大事的人，他便想到了二姐张幼仪。

张幼仪正在东吴大学教德语，估计她是不肯放下那份刚刚找到的工作去做时装生意的。周末，张嘉铸试探着和二姐说起这件事。

张幼仪耐心听完八弟的设想，她表示支持他。她在欧洲生活了多年，亲眼见到了西洋女装的变化多端。在国内，现在许多追求时尚的女子也已经不再满足传统单调的中国服装，上海街面上新开的那些西洋服装店，就总是挤满了有钱有闲的太太小姐们。连她的四妹都这样关注时装变化，那些新贵夫人和富家小姐就更关注了。

张嘉铸说："二姐，你光口头上说支持不行啊，你还要做这个服装公司的总经理。"

张幼仪打趣地说："这个总经理是不是需要出钱啊？"

当时，正赶上徐申如夫妇来范园看望孙子阿欢，听到张幼仪姐弟在说开服装公司的事，祖祖辈辈经商的徐申如凭着商人的敏感，立即觉得这个买卖可行，一定赔不了。他对张幼仪说："钱的事不成问题，徐家的产业中有三分之一是你和阿欢的，我给你拨出一点儿钱就够服装公司的启动资金，这种小公司占用不了多少钱。"

公公这样说，就证明这个买卖确实可以干，在经商这个问题上，公公是行家。张幼仪说："没有我和阿欢的三分之一也没关系，我们还可以从你的银号中贷款。"

张嘉铸兴奋地说："二姐真上道，看来你天生也是经商的材料。"

徐申如思考了一下，接着说："要开服装公司，就得有个好裁缝，这个裁缝也是关键。"

张幼仪一下子想起，她刚从欧洲回来的时候，需要添置一些新衣服，母亲从南翔请过来的裁缝阿梅，这个阿梅的手艺极好，不但活儿做得细致，最重要的，只要雇主向她叙述明白自己的构想，她便能理解透，能按照雇主的要求做出他想要的样式。后来母亲去世了，张家上上下下都需要穿素衣，他们又把阿梅请过来，赶制了一批素色衣衫，虽然工期紧，阿梅做出的活儿依然不凑合，每件衣服都穿着得体。可以高薪把阿梅请过来，到他们的服装公司做裁缝。

总经理有了着落，资金有了眉目，裁缝有了人选，下一步就是选址和给这家公司起名字了。

张嘉铸的主要工作是经营上海的新月书店，他从小就比较活跃，很有活动能力，他大名叫张禹九，因为在张家兄弟姐妹中排行第八，下人们叫他八爷，朋友叫他老八。这个八爷明知新月书店是不赚钱的，却始终一心一意地坚守着，因为这是为他崇拜的前姐夫徐志摩的新月文学社开办的。有了多余的精力，他便四处找寻合适的店址。小公司刚刚开办之初，经费紧张，本着节省资金的原则，他在静安寺路租到一栋三层小洋楼做店面，这个地方在王家沙电车站东边斜桥弄附近，当时还算比较偏僻的。

张幼仪这个总经理不是顶个名，开店的每一个细节她都要想到。每天从学校下班之后，她便投入到服装公司的筹备工作中，她要把这家时装公司做成一个集成衣店和服装定做于一身的公司。

到了为服装公司起名字的环节，店不大，地址也不在繁华闹市区，但是名字不能小气。张幼仪把起店名的事交给了张嘉铸，这个骨子里很文艺的八弟觉得，这个店名一定要起得有诗意，前姐夫徐志摩就是写诗的，如果名字起俗了，恐怕会让人笑话做总经理的二姐，或私下说就是因为她缺少文艺细胞才被休掉。冥思苦想好几天后，他终于想出了云裳这个名字，这个名字来自唐代诗人李白的《清平调》之一："云想衣裳花想容，春风拂槛露华浓。若非群玉山头见，会向瑶台月下逢。"

名字取好了，可他对自己还是没信心，趁着徐志摩到新月书店的当口，他又求教他的偶像，这个店名怎么样？

徐志摩已经从父亲那里得知，张幼仪要出任总经理开一家女子时装公司，虽然他还不太相信张幼仪，不过，这些年张幼仪的变化他都看在了眼里，他发现这个女人是个奇才，只有别人想不到，没有她做不到。谁都没有想到离婚后她一个人带着孩子学完了大学课程；谁都没有想到她独自承受丧子之痛依然顽强挺了过来；谁都没有想到一个曾经的乡下土包子居然走进大学课堂当起了大学老师。依照她不服输的个性，可能还会创造更多的奇迹。经商搞公司这样的事，他徐志摩是做不来的，陆小曼也做不来。做这些事要八面玲珑，能屈能伸，这个他不行；做这件事还要吃得了苦中苦，这个陆小曼不行。

　　他也觉得中国女性的服装太单一，应当把欧美服装的新样式引进来。当初张幼仪刚出国的时候，在法国见到她的第一件事，就是把她身上那套土里土气的衣裙换下来，为她购买了一身新行头，换完洋装的张幼仪看上去完全像是变了一个人，服装对于女人来说太重要了。

　　徐志摩刚来上海的时候，父母回到了硖石去住。年岁大了，没有儿女陪伴他们也感到寂寞，所以便经常来上海，来了也不乐意与他们同住，而是以陪孙子为名住在张幼仪居住的范园。

　　父母住在张幼仪家里，徐志摩如果要探望爹妈，便要厚着脸皮去那里。那段时间，徐申如总是和徐志摩提起张幼仪开办服装公司的事，语气中有骄傲，也有不放心。他年岁大了，对新潮服装的事一点儿都不懂，言外之意似乎是让徐志摩有机会帮帮张幼仪。

　　徐志摩除了婚姻爱情上不是个听话的孩子，其他方面还算孝顺。经商方面的事他不懂，但是，聚点儿人气，号召朋友们入股，让那些新潮的女朋友们到这个店里定做新衣服，这个他能办到。除了他之外，还有一个陆小曼呢，她现在可是徐家的媳妇，人家张幼仪都把徐家媳妇的位置让给她了，她帮着做做口头广告，让她那些名媛圈里的姐妹们关照一下张幼仪的生意，还是能办到的。不过，与其说是这家云裳时装公司蛮有凝聚力，倒不如说是张幼仪有凝聚力，她一下子把张家、徐家的全部资源都调动起来了。

徐志摩为云裳时装公司做宣传的时候，便对外声称是他自己开的店，所以，1927 年 8 月 3 日，徐志摩在给周作人的一封信中便这样说："新办两家店铺，新月书店想老兄有得听到，还有一爿云裳公司，专为小姐姑娘们出主意，老兄不笑话吗？"

在徐志摩和陆小曼的大力宣传下，这家服装公司便有了几个股东，上海美术界的名流江小鹣、邵洵美，著名交际花唐瑛都参与其中。但是，他们只是合伙人，总经理是张幼仪，店铺由她掌管，由张嘉铸经营。江小鹣是从法国和日本学习美术回来的设计师，有了这些美术界名流的加盟，与她最初找一两个民间裁缝支撑门面的想法便不一样了，她重新调整了公司发展思路，把服装生意定位在高端设计上，求新求贵，瞄准世界服装潮流，打最新潮最时尚的流行牌。

云裳时装公司开张之前，先在报刊上打了一段时间广告，广告词是这样的："要穿最漂亮的衣服，到云裳去；要配最有意识的衣服，到云裳去；要想最精美的打扮，到云裳去；要个性最分明的式样，到云裳去。"

除了这些实打实的广告，许多报刊的软公告也陆续刊出，《紫罗兰》杂志主编周瘦鹃专门写文章推销说："现在不是有那新装公司的成立吗？其中成立最先进设备最完美的，当然是云裳公司。"并在《申报》副刊发表《云想衣裳记》一文，文中写道："静安寺路斜桥云裳公司，专制上等美术妇女新装，发起者即为名流巨子，制作者又为美术专家学者，故虽筹备之始，业已名播一时，定制衣裳，颇不乏人。"

1927年农历七月初十，公司举行开幕盛典，正式挂牌开张。

那天，不但请来了诸多的上海文化艺术界名流以及各界名媛，各大媒体都来参与报道。陆小曼、唐瑛都到场了，她们是知名的交际花，亲自做模特展示店里的时装，这种效果比任何广告都起作用。顾客看好了哪个款式，知名交际花就亲自为她试穿，她们试衣的效果当然非常好。

正是盛夏季节，可是天公并不作美，从开业那天开始，便断断续续地在下雨。这样的天气状况，让张幼仪心里也晴朗不起来，她觉得这天气势必会影响生意。

按照设定的程序，开业前三天要招待参观者，正好赶上那几天是上海女界慰劳北伐前敌兵士的游艺大会，合伙人之一唐瑛带领八位参加演出的模特活动之余来到店里，她们穿上公司自制的时装，现场表演真人秀，吸引来无数名媛到这里凑热闹。张幼仪没想到店里的买卖竟然火爆得不得了，前三天便做了两千多块钱的生意。

夏日的裙装卖得很不错，马上就到秋季，秋装要提前上市。张幼仪开店之初就开始了秋装的设计，她让设计师设计紧跟巴黎时尚潮流，同时又要具有中国民族特色的时装大衣，大衣的款式，要兼顾春秋款和冬款。很快，一批新式大衣设计出来，当时，西方服装界就已经开始采用立体裁剪法，服装根据人体立体造型设计，穿在身上更合身。当年的秋冬季节，不但上海的时尚女子们都在穿云裳牌大衣，连附近的南京、苏州、无锡等城市的潮女们，也来云裳时装公司购买、定做衣服。到了第二年春天，北平、上海街头就也有了穿云裳品牌的时髦女子。

张幼仪看好了市场需求，第二年，立即让设计师设计制作春秋两季的夹大衣、单大衣，这些大衣不仅仅是为了御寒，兼有装饰作用。到了夏季，云裳时装公司又设计了一款夏夜穿的精致丝绸外衣，这就完全是为了时尚的装饰了，于是一时间，上海滩的夏夜又多了几分柔曼风情。

女人们穿上云裳公司的时装，风情万种地行走在城市的街面上，让那些传统的旧式男女们惊呼女人们要堕落，男人们会人心思艳，以致世风日下。上海《民国日报》发表了一篇题为《对于云裳公司的几句话》的文章，认为这家时装公司"装饰、奢侈，最引人堕落，最是扰乱社会秩序的"，女人们穿上云裳的时装便有可能变坏。

尽管这些遗老遗少在那边不负责任地说着风凉话，云裳公司的业务却是越做越好。张幼仪适时策划一些促销活动，除了打折降价抽奖之类的传统促销模式，她还借助汽车展览会的时机，让一些女子穿上新款云裳时装到现场去展示。

那个时期，上海的名媛们如果在大的社交场合不穿上件时尚的云裳牌衣裙，都不好意思出场。

不觉间，云裳服装公司业已成为当时上海首屈一指的女式服装店。公司做大了，张幼仪就考虑为了更好地发展，应当把店铺搬到繁华地带。因为在云裳服装公司的带动下，上海滩又冒出了许多家服装公司，比如同孚路上的鸿翔时装公司，一开业势头便直逼云裳公司，再比如，在法租界霞飞路上，过不了几天就会冒出一家新的时装公司。

经过考察，公司迁到了繁华的南京东路上。这样，张幼仪便有了更多的时间到店里来。刚开业的时候，她的大学教师工作还没有辞职；后来虽然辞去了工作，可每天下午五点之后，她自己也坚持要进修一个小时的国文课。总之，不管多忙，她每天都要到云裳公司去一趟，仔细查看当天的服装订单，及时让人在下班的时候通知裁缝——每一份订单都不能忽视，顾客是上帝，张幼仪明白这个道理。

关于张幼仪开办云裳公司一事，《上海名镇志》中有这样的记载：

民国十五年夏，幼仪回到上海，在东吴大学教德语。

后出任上海女子商业银行副总裁……与此同时，张幼仪
还担任了云裳时装公司的总经理。此为上海第一家时装
公司。张幼仪把欧美的新式样引入"云裳"并且裁剪缝
制考究，成为一流时装店。顾客多为大家闺秀、上海名
媛，在社交场中，无不以穿着"云裳"所制服装为荣，
因而生意兴隆。

乡下土包子到女银行家的距离

所有的人都没想到张幼仪竟能把云裳服装公司的生意做
得风生水起。

四哥张嘉璈当时在中国银行工作，已经由中国银行总经
理升为总裁，还创办了在金融界极具影响力的《银行周报》。
他发现自己这个二妹原来是个经商奇才，过去没给她机会展
示自己，所以显现不出来，一旦有了合适的土壤，她就能做
出一番惊人的事业。

开时装公司主要是和女人打交道，女人的钱看似好赚，
其实没那么容易，再有钱的女人，也都喜欢精打细算，能让
她们把钱投到你这里来，凭的是技巧和能力，张嘉璈发现，
二妹有这方面的能力。

上海滩的上海女子商业储蓄银行，正需要一个有魄力，
知道如何与女人打交道的副总裁，张嘉璈就想到了张幼仪。

此时的张幼仪正忙得不可开交，她的东吴大学德语教师

工作还没辞掉，一边去学校上课，一边当云裳时装公司的总经理，还要一边照顾儿子，整天都忙得焦头烂额。

东吴大学德语教师第一学期的课程结束了，她在考虑下一学期是不是续聘。按照校方的意见，他们希望张幼仪下一学期继续担任这门课程的老师，原因是学生很喜欢听她的课。她讲课不像有些老师那样拘谨古板，因为德语底子厚，随意讲来，学生便能学到很多知识，特别是口语，超级棒。

当老师是她少女时代的梦想，她真有些舍不下这个工作。

正在进一步考虑这件事的时候，几个上海女子商业储蓄银行的女士到家里来找她，说希望她去她们的银行做事。

在范园这个上海滩顶级住宅园区里，住的几乎都是银行家，所以，做银行业务在这一片是正常营生，浙江实业银行总经理李铭、中孚银行创始人孙仲立、四行储蓄会的老板钱新之、上海银行界的票据交换所总经理朱伯泉、日本横滨正金银行的买办叶铭斋、浙江兴业银行创办人之一蒋抑卮等都在这里居住，张幼仪的四哥中国银行总裁张嘉璈原来也住在这里。

这里是银行家云集的地方，是不是有银行家的风水啊。张幼仪当然明白，她并不是上海女子商业储蓄银行独一无二的人选，之所以这个机会落到她头上，是因为四哥，他是中国银行的总裁，张幼仪可以利用四哥的影响力替上海女子储蓄银行做些事。她们让她去银行做事，看的是她的关系，而不是能力。另外，从那几个女士的话中，她听明白了，这件事她们事先已经和四哥张嘉璈探讨过了，他也力主让张幼仪来做这件事。

张幼仪厘清了事情的来龙去脉，答应她们她可以做这件事。不过，她需要处理一下手头的事情，一个是要立即到东吴大学那边辞职，她没有能力再兼做几件事了，另一个，云裳时装公司那边，她也要让八弟多费一下心，一直以来公司的日常工作都是八弟在做，以后恐怕更要多做一些。

到银行工作，对她是一个挑战，但是张幼仪有信心，不会就学吗，家里不但四哥是银行家，公公徐申如也是开银号的，守着这么多老师，不懂就问呗。.

张幼仪穿着一袭素色旗袍走马上任了。走过宝安坊附近的红庙，她来到坐落在南京东路上那个门店二楼的上海女子商业储蓄银行——过去她从没来过这里。到了营业大厅，她发现里面冷冷清清的，没几个办业务的客户，一水的女营业员们都无精打采的。

这和她设想的不一样，在上海滩，这家银行曾经是银行界的一抹胭脂，第一任董事长是先施公司创始人、澳洲华侨欧彬的夫人欧谭惠然。这里专门吸引女性储户，很受女性客户欢迎，这里吸引的一部分储户是附近商店上班的女职员，可以拿着薪水支票到这家银行兑现，然后在银行开一个户，把一时用不着的钱存在这里，方便她们的生活。另一部分储户是官太太、姨太太和大小姐们，除了帮她们存钱，甚至一些富家太太把男朋友送自己的珠宝也悄悄存放在这里，用的时候，再到这里来提取。

按理说，这样的银行应当能办得很火。亲临现场张幼仪才发现，她把一切设想得太美好了，此时的上海女子商业储蓄银行其实就是个空架子，这家银行在她来之前一直在经营，原来的经营者把银行的钱都借给了亲戚朋友，都贷出去了，而且许多都成为死账呆账，眼下银行基本上没有钱。张幼仪到这里，就是来收拾这个烂摊子的。

张幼仪让助理把借款的明细列下来，她要先看看，究竟有多少收不回来的借款。

长长的一溜名单和数据摆在她面前，她细细看了那份名单和借款数目，的确数目很大，但是这些贷款人不是没有偿还能力，而且，都是一些有头有脸的人士。

助理提议："是不是找个律师，把这些借款人告上法庭。"

张幼仪摇摇头："什么律师都别请，请律师很贵的，银行已经很穷了。"

她亲自去走访那些借款人，和他们进行沟通，让他们想各种办法尽快还上欠银行的钱。许多借贷人碍于面子，不好再死死赖账。

为了工作方便，张幼仪把自己的办公桌放在大堂最后的角落，这样，方便了解公司营业情况，有任何问题她都能及时发现。她总是到得最准时的一个，银行九点营业，她会一分不差准时赶到，这是她在德国的时候养成的习惯。一些迟到的员工看到她都到了，便会觉得不好意思，连忙道歉，虽然张幼仪微笑着并没有批评她们，但她们自己也会因此觉得脸上无光，下次便会尽量不让自己迟到。在自己的办公处，张幼仪安安静静坐着，井然有序地办业务，专心看文件，除了接电话和接洽客户外很少说话。

这里的女职员都是上过大学的，那时候的银行职工无制服，对女职员的着装要求就是素色旗袍，开叉不能高，下摆不能过窄，长度必须过膝。脚上的黑色皮鞋必须是扎带的平跟皮鞋，鞋跟不能超过二寸，不能露趾。脸上不能浓妆艳抹，可以化淡妆，手上不准留长指甲并涂指甲油。

和那些香艳的女储户们相比，张幼仪和她的银行团队的女职员们是一群朴素优雅精干大方的职业女性，她们首先以自己沉稳、持重、讲求信誉的形象给客户以安全感。

银行已经开通了保险箱业务，张幼仪进一步把这些业务做大，她让名媛贵妇客户把自己的私房钱财陪嫁首饰搁在银行保险箱里，银行做到服务周到贴心，让女顾客们不管是丈夫送的还是情人送的珠宝，都放心地存到自己的银行中。

这个曾经被丈夫称作土包子的女人，已经是上海商业界的精英高管了。可她总能记起当年徐志摩送她的这个称呼，她下决心一定要完全改变自己。

她请了一名中文教师，为自己补中文课程。每天五点银行要下班的时候，老师去她的办公室为她补一个小时的中文课；然后她再到已经搬迁到银行附近的云裳时装公司，去处理那边的事情；然后再回家，帮着儿子阿欢做功课，为他检查作业。

张幼仪的工作生活都是有规律的，她甚至每周晚上还能打三次麻将。

她迅速成长为上海滩商业界的一个女强人，她无论做服装生意，还是当银行副总裁，靠的都是信誉。

1937 年日军入侵上海，所有的银行业都进入萧条期，顾客们纷纷到银行提钱，然后四处逃难，上海女子商业储蓄银行的现金也基本上被取光了。为了应付现状，张幼仪把银行的产权抵押给了一家大银行预支了四千元，这是最后保底的钱。可就在这时，一名顾客登门来提款四千元——这笔钱如果取走了，银行就彻底倒闭了。

顾客拿不到钱是不会走的，你嘴上说现在没钱，以后会连本带息还给你，可顾客不相信这家银行还能支撑下去，怕自己的钱打了水漂。张幼仪只好用自己云裳服装公司的名义替她作保写了一张契约，约定如果半年后银行还不上她的钱，云裳服装公司就连本带息偿还顾客。

在之后的半年时间里，张幼仪每天都随身带着这张契约。那是战争年代，炮火中任何人的生命都危在旦夕，张幼仪说："万一我有个三长两短的，我也要让发现我的人看到这张契约，我必须对这位顾客负责任。"

张幼仪把每件事情都干得如此出色，她的声望越来越大。二哥张嘉森也觉得，这个妹妹不再是当年那个挺着大肚子一句外语都不会说便去法国找他讨活路的小怨妇了，华丽转身之后，这几年，她的才能已经彻底显现出来。正好张嘉森和其他一些人创办了中国国家社会党，他的党部需要一个财会总管，这个人不但要懂得金融业务，还要知根知底，所以他第一个就想到了张幼仪。

张幼仪已经很忙很累了，她听说二哥又要给她增加一份工作，便问："你再找一个管财务的人就是了，为什么要我去做？再说，你们其实不用会计也能把这点儿钱管理好。"

张嘉森说："我就是希望你管好国家社会党的钱袋子，有些可出可不出的钱，你就拖一下，再作决定。"

张幼仪说："没问题，这个我肯定能做到。"

张嘉森知道张幼仪是个有原则性的人，她说能做到就一定能做到。

后来，提起给二哥当财务总管这件事，张幼仪说："我认为二哥只是希望他可以跟别人说：'我得请示请示我们的会计'，这样他就不必老是拿钱出去了。"

张幼仪似乎天生有理财搞金融和经商的天赋，抗日战争期间，她利用手头的钱，从德国买了两箩染军服需要的染料。当时许多人看不懂，囤积这些染料有什么用，她的云裳时装公司一般都是买现成的面料，即使定制面料，也是找织布厂染坊为他们加工好成品再运过来，难不成她又要开染坊？后来战争越打越激烈，军队需要染料制作军装，但是，再从德国进货已经办不到了，这时候，军用染料价钱已经涨了一百倍！张幼仪这才把手头囤的货卖出去，一本万利，转手就赚了一笔巨款。

有了钱，她又投资棉花和黄金，做股票生意。

她又一次成功了！手头有了钱，张幼仪立即为四哥在上海法租界另外买了一处房子，至此，范园的产权便归她了，她可以名正言顺地做范园的女主人了。

后来，她又为公公婆婆在自己住宅的旁边购下一块地皮，为他们盖了一所新房子，公公婆婆高高兴兴住了进去。

徐志摩眼里的那个土包子般的女人，蜕变为精明的女商人，她比林徽因有魄力有胆略，她比陆小曼性格刚强，她才是十足的新女性。

当初婚姻关系存在的时候，徐志摩从来没有正眼看过她，如今离婚了，徐志摩反倒和她走得比过去近了。两个人有了距离，再看张幼仪，徐志摩发现，这个女人并不像最初自己看到的那样，她是一个值得尊敬的好女人。

不能做夫妻，还可以做朋友，徐志摩和张幼仪的关系更像是好朋友。每天从银行下班后，张幼仪便去云裳时装公司打理业务，徐志摩每天也会在那个时间段到那里转一下，看望一下张幼仪。如果赶上他要去其他城市参加活动或聚会，便到那里定做外出的服装。

张幼仪记得，有一次她帮他设计了一条皮领带，徐志摩出门参加活动的时候弄丢了，他非常喜欢那条领带，所以，心里总是觉得遗憾，张幼仪便立即让店里给他做了一条新的。

爱情不在了，友情和亲情还在，做不成夫妻还可以做朋友，曾经的伤害早已经被岁月淡化了印痕。张幼仪的包容大度，让徐志摩越来越感觉，这个女人也是个和林徽因、陆小曼一样的新女性，有了心里话，他愿意向她倾诉——尽管她不是自己的妻子了，但还是自己家里的人，她是孩子的妈，是父母的养女。

有时候，徐志摩甚至有些依赖张幼仪。陆小曼是个依赖别人的人，父母老了也不能再依赖了，有张幼仪可以依赖，他便可以轻松一些。他觉得自从娶了陆小曼以后，活得真是很累。

好女人，要活成自己的样子

张幼仪自从搬进范园，她的家里就没有安静过。

这里，成了张家聚集亲情的大本营，也成了徐家寻找温暖的大本营。

张幼仪的弟弟妹妹没结婚的时候，这里是他们的家。

这里还是二哥和四哥举办各种私人聚会的社交场所。

那时候，二哥张嘉森是中国国家社会党主席，参加国民党政府工作，四哥张嘉璈是中国银行总裁，他们在政界军界都有许多朋友，这两兄弟一般不把朋友带回自己的家，而是带到妹妹张幼仪居住的范园。

二哥张嘉森新娶的嫂子王世瑛喜欢安静，不喜欢她平静的生活被打扰，所以张嘉森只能把他的活动地点转移到张幼仪的家。

张嘉森一共结过两次婚，第一次是他十九岁的时候，按照父母之命媒妁之言，在老家嘉定他迎娶了第一个夫人沈氏，沈氏是个大字不识的旧式女人，张嘉森从结婚那天起就不喜欢她，结婚一个月，他就到日本的早稻田大学留学，后来以各种借口不回家，这桩婚事名存实亡。所以，张嘉森特别理解徐志摩，徐志摩即使和自己的妹妹闹离婚，他也站在徐志摩一边，因为他深知旧式婚姻之痛。不过，他虽然也提倡过妇女解放，却只是维护男人的利益，对于女人改嫁却深恶痛绝。也难怪当年张幼仪和徐志摩离婚后，他竟然明令不许妹妹改嫁。

张嘉森的第二次婚姻是迎娶才女王世瑛。在 1923 年筹备印度诗人泰戈尔访华的招待会上，他认识了毕业于北平女子高等师范国文系的王世瑛。王世瑛是作家冰心的闺蜜，她们都出身于福州名门望族，是福州女子师范学校的校友。新文化运动中，王世瑛和陈衡哲、冰心、庐隐、林徽因、凌叔华、冯沅君、苏雪林、石评梅、陆晶清等都是北京女高师涌现出的新文学第一代女作家。王世瑛曾经和著名文学史家郑振铎有过一次轰轰烈烈的初恋，因为母亲嫌弃郑家贫寒而黯然分手。遇上张嘉森的时候，王世瑛刚刚走出感情阴影，张嘉森的热烈追求让她惶惶不安。他们经过了两年多的交往，经过了两年多的相互了解，1925 年，张嘉森和老家那个已经多年不联系的原配小脚夫人沈氏办理了正式离婚手续，二十六岁的王世瑛嫁给了三十九岁的张嘉森。

张嘉森结婚不久，他们的大儿子小虎诞生了，王世瑛开始相夫教子主持家务，帮助张嘉森搞学术研究，她也就没有了自己的写作时间。她是个淡雅文静的女子，喜欢远离尘嚣的安静。张嘉森总招呼一些朋友回家，她便心烦，抱怨说："如果用人老是伺候你朋友的话，他们还能做什么事儿？"

于是，张嘉森的朋友们便聚集到范园了。

四哥张嘉璈把朋友们引到范园来，则是因为要面子。张幼仪的四嫂性格和一直在老家默默无闻的前二嫂不一样，和二哥后来娶回的知识分子二嫂也不一样，四嫂也是父母之命媒妁之言，她理直气壮地坐稳了妻子的交椅，跟随丈夫落户到了上海滩。四嫂性格外向豪放，一走进大上海，她立即融入进去，和上层的贵族太太们学会了打麻将，后来又迷恋上吸鸦片，她觉得这就是时尚，就是城市贵妇和乡下土包子女人的区别。她的大把时间都用于搓麻将和吸鸦片，而且时不时在自己家中设局。张嘉璈怕朋友们到了自己家看到这种状态，老婆沉溺在麻将桌和烟榻上没时间招呼客人，显得自己没面子，所以，他总是把自己的朋友带到范园。

哥哥们的客人便是自己的客人，她总是盛情款待，给足哥哥和他们的朋友面子。每逢遇上有客人来，她的用人和厨师都是全力以赴照顾这些人，所以，哥哥们都觉得，在这里举办家宴比去外面下馆子好。张幼仪自己也说："我在自己家里款待二哥和四哥，他们爱来我家胜过上馆子。"

总把客人带到妹妹的家里来，哥哥们也不好意思，张嘉森曾问张幼仪："怎么都没听到你埋怨过那些来拜访我的人呢？"张幼仪的回答让张嘉森感觉很温暖："和别人谈话是你的工作。要是大家老不来找你，那就是表示你事情做得不好。"

她想让自己帮着别人多做些事情，这样便证明了她的价值。

她要因为自己的存在，让世界更温暖，让兄弟姐妹的关系变得更加紧密更加温馨。她觉得，不论是做惊天动地的大事，还是最琐碎的小事，都要让每一个瞬间充满温暖。她是个曾经被伤害过的人，所以，她不能因为自己再冷任何人的心。

徐志摩结婚半年后，便和陆小曼来到上海。

结婚之前徐志摩在北平工作，如果想重新出山工作，他还可以回到各方面更便于发展的北平。但是，陆小曼更喜欢上海，她在上海出生，在上海度过了童年时光，后来才随父母迁居北平。或许，她觉得上海走在对外开放的最前列，灯红酒绿的海派文化更包容一些，与历史传统文化厚重的北平城相比，这里便是安乐窝和销金窟，她犯不着天天被各式各样的遗老遗少们批评嘲讽。这里，连旗袍都比北平短一些，开叉高一些，更紧身一些。烟雨中，那些打着洋伞，擦着胭脂口红的摩登女郎，扭动细软腰肢行走在街面上，也没人会遮遮掩掩骂伤风败俗。

初到上海，徐志摩在法租界的爱多亚路租了间房子。

徐申如夫妇本来是呕着气不和陆小曼住到一起的，他们回硖石住了一段时日，乡下兵荒马乱的，他们这种有钱人住在那里也不安全，就又来到上海。可总住宾馆也不是办法，去找张幼仪吧，人家住在娘家哥哥的房子里，他们怎好去打扰，便别别扭扭和徐志摩陆小曼住在了一起。

徐志摩租住的地方是英租界，有一条很长的商业街，还有货栈、旅馆、大舞台，街边的百货商店门口贴满宣传广告纸，每个周末，张幼仪便把阿欢送到徐志摩家门口找爷爷奶奶。

阿欢特别盼着过周末，去找爷爷奶奶的路上，他一边快乐地蹦蹦跳跳，一边认百货商店门口宣传广告纸上的字。

他们要经过一个法国运动俱乐部，经过一个法国式公园，走过一条风景优美的林荫道，才能走到徐志摩的家。

徐志摩来到上海后，那时候还没有和张幼仪见过面。每次都是送到门口，看着阿欢自己进去了，张幼仪再离开。

那个周六下午，张幼仪刚带着阿欢走到门口，徐志摩正从里面出来。

张幼仪和他打了个照面，她的目光没有躲闪，她觉得自己没什么好躲的，倒是徐志摩躲过张幼仪的目光，把扭身要走的她叫住了。

徐志摩说："我正要找你说件事。"

张幼仪站下，问："什么事？"

徐志摩吞吞吐吐："我一直在想，你认为阿欢该怎样称呼陆小曼才好？"

张幼仪没想到他要问这件事，她从来没有想过她的儿子该怎样称呼她的继位者，她也没问过阿欢，他去过的那些次都是怎样称呼陆小曼的，是叫阿姨，还是什么都没叫？她承认自己忽略了这件事。

徐志摩试探着问："你说，叫继母怎么样？"

张幼仪没想到，这个才子很没创意地想到这个没任何特色的称呼，她尽量让自己的语气没有感情色彩，以免让徐志摩认为自己不同意或者有别的什么意思，她说："随你高兴吧，阿欢叫她什么我都没意见。"

那次，阿欢从爷爷奶奶那里回来，一见到张幼仪就跟她诉说："爸爸让我叫那个女人继母。"

"哦。"张幼仪轻轻答应一声。

阿欢以为母亲会说些什么，他发现张幼仪表现得一点儿都不惊讶和愤怒，便问："妈妈，你怎么不问我叫没叫？"

张幼仪说："你爸爸让你叫，你就叫嘛。"

十岁的阿欢看上去很柔弱，却是个有个性的孩子，他说："我没叫，我什么都不叫她。她不是我的母亲，我的母亲只有你一个。"

张幼仪知道，徐志摩与自己离婚，与陆小曼结婚，造成伤害最大的那个人其实不是自己，而是儿子阿欢。她不能逼着阿欢去做他不想做的事情，阿欢的拒绝肯定令徐志摩伤心生气了，她也无奈，只能等着阿欢长大一些，自己去想通这件事。

陆小曼和张幼仪第一次见面是在胡适的家。

那时候的胡适是中国公学校长，他和徐志摩是最铁的朋友，过去在北平的时候，为了徐志摩和陆小曼的事，他就没少出力。两个人真是有缘，又一同聚到了上海，一同办《新月》月刊，当然，也一块吃花酒。梁实秋就写文披露过他们一起吃花酒的事，那时候的徐志摩就在上海爱多亚路居住，梁实秋说有一天徐志摩突然跑来找他："胡大哥请吃花酒，要我邀你去捧捧场。你能不能去，先去和尊夫人商量一下，若不准你去就算了。"这话大概是当着梁夫人的面说的，梁实秋可没胆量和夫人说这种事，没想到梁夫人和一般女人不一样，她怂恿丈夫去参加："你去嘛，见识见识。"梁实秋便第一次见识了一下娱乐场，胡适帮他找了一个姑娘站在他身后，整整一顿饭他都没敢往身后看，最后也不知道那三陪小姐长什么模样。

胡适其实当初也是喜欢陆小曼的，不过，喜欢也是白喜欢，他没有胆量休掉原配妻子江冬秀，只能眼巴巴看着徐志摩和陆小曼走到一起。

他那天的家宴请徐志摩、陆小曼和张幼仪一起参加，请之前问张幼仪，如果陆小曼也在场，她是不是还愿意去。

张幼仪大大方方地笑着说："当然愿意，我无所谓。"

这表情，这言辞，让胡适大跌眼镜，他还以为张幼仪会皱着眉头不痛快，没想到人家根本不在乎。

胡适当时大概会感叹，徐志摩就是有桃花运，他遇上的每一个女人都那么优秀，包括被她休掉的张幼仪。

那天的晚宴上，张幼仪见到了传说中的陆小曼，回忆那天吃完饭的情景，她这样说：

> 我看到陆小曼的确长得很美：光润的皮肤，精致的容貌。她讲话的时候，所有男人都被她迷住了。饭局里，她亲昵地喊徐志摩"摩"和"摩摩"，他也是亲昵地叫她"曼"和"眉"。他对她说话是那么有耐心，那么尊重她。

来参加这场晚宴之前，张幼仪已经提醒过自己，徐志摩和那个女人无论怎样，自己都要心如止水，不忌妒，不生气。但是，她内心深处还是生出了浓浓的醋意，不过，她能把自己隐藏得很好。那个夜晚，她只保持浅浅的微笑，很少说话，让所有的人都看不透她。

张幼仪说："我晓得，我不是个有魅力的女人，不像别的女人那样。我做人严肃，因为我是苦过来的人。"

她没必要与任何女人比魅力，她的魅力别的女人也不具备，做人严肃不是缺点。

好女人，就要活成自己的样子，不必效仿任何人。

❻

伤害她的那个人走了

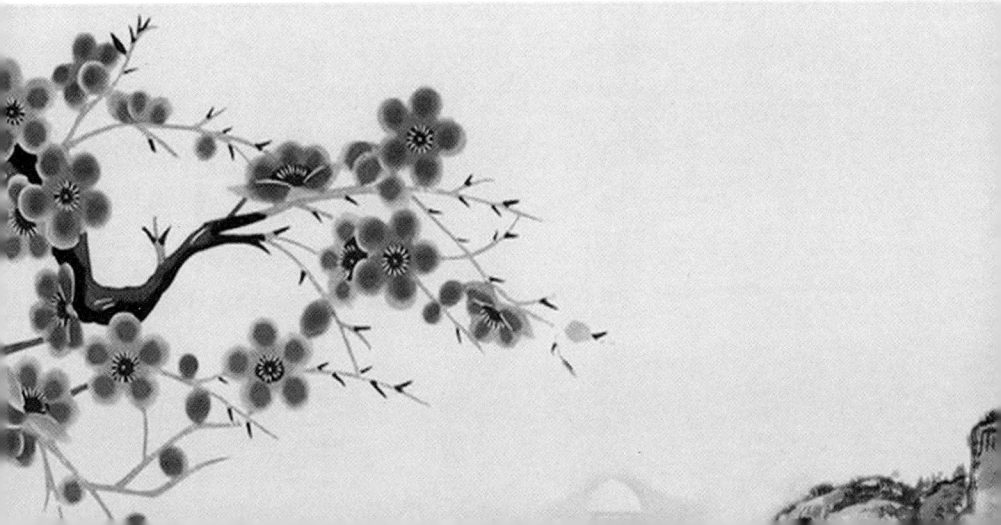

徐志摩再婚的幸与不幸

离开硖石，搬到上海的那天，陆小曼快乐得像个孩子，她终于离开那个乡下小镇了。

当初决定离开硖石的时候，徐志摩本来打算去北平，陆小曼嘟着嘴就是不答应，她说北平多土气啊，哪如上海的十里洋场过得惬意。

徐志摩打算去北平，父亲给他的那份钱足够他买套房子，因为北平的房价比上海低得多，他们到上海生活是买不起房子的，只能靠租房过日子。

陆小曼却觉得，租房就租呗，租套好些的就是了，比买房子便宜多了。

他们刚到上海，先暂时借住朋友家，然后便在上海南昌路租到一套宅子，他们搬着不多的家当走进那扇黑漆大门，这里的租金每月一百大洋。

房租确是贵了些，徐志摩必须努力去挣，于是，他去上海光华大学谋到一份教师的职业。

在这里，他创办了新月书店，和陆小曼共同创作了剧本《卞昆冈》。那个时期，他们的日子过得还算幸福和谐。

陆小曼出生在上海的孔家弄。那时候的孔家弄，集聚铅华，是有头有脸的人梦寐以求想在那儿立足的风水宝地，文人雅士们争先恐后花巨资在那里置办家业，而陆小曼从小在那里生长。后来她离开上海，现在她终于又回到上海。虽然这里有她的一些好朋友，可是与北平相比，毕竟要少多了。

刚和徐志摩来到上海的时候，她的性格还收敛着些。

不过很快，她就彻底融入到上海的生活中。

从小就被父母娇惯了的北平交际花的奢靡生活，与上海相比，便是小巫见大巫了。这里的夜生活更丰富多彩，这里的时装更丰富多样。沉寂了没多久，陆小曼又恢复了头牌名媛的派头。

各种各样的娱乐活动她都想参加。徐志摩鼓励她，想去就去吧——在硖石憋闷了好几个月，也够难为她的，好不容易离开了那个地方，他要让她好好放松一下。

他陪她去听戏、唱戏，陪她去买漂亮衣服，陪她下馆子吃精致的菜肴，陪她赶夜场的舞会，陪她到朋友家打麻将。

为了方便陆小曼外出，还专门给她买了汽车，雇了司机。

后来，他们又租了法租界爱多亚路的房子。

那是一座派头十足的三层洋房，一楼是客厅，夫妻双方的朋友们来了，就在这个起居室会客，这里是最热闹的地方。二楼是他们的卧室，那个私密的卧室想必是精致温馨的。三楼是徐志摩读书写文的地方，后来，陆小曼染上抽大烟的习惯，于是，三楼的书房便挤出一部分，变成了陆小曼的吸烟房。从外面看上去，这是个豪华住所，走进去后却发现几乎没有豪奢家具，都是一些很质朴的基本生活用具。陆小曼不在这些东西上花钱，她要把钱花在她喜欢的地方。

但是，他们家的用人阵容却很强大，各种的用人有十好几个。陆小曼用女佣也要看长相够不够漂亮，是不是足够时尚，所以，在他们家工作的丫鬟一个个都穿着入时，比一般小户人家的小姐还像小姐。这些是用来撑门面的，陆小曼不在这些地方省钱。

所有的豪华生活都要靠钱来支撑，徐申如对他们这种挥金如土的生活非常不满，他是不会把自己辛辛苦苦挣来的钱送给他们糟蹋的，唯一的办法就是靠徐志摩出去挣。

徐志摩又不会经商，他只好同时兼着三个大学的教授职位努力挣钱，后来发现挣的那点儿钱还是远远不够，便发展到一口气在五所学校兼职，课余赶写诗文赚取稿费。他另外还编杂志、做翻译、写评论、发小说，甚至还做起了贩卖古董字画、做房地产中介的营生。这样紧着折腾，每月总算可以挣到六百到一千元。

每个月挣到这么多钱，已经算是极高的收入了。民国时期大洋算是最硬的货币，那时候，在一般中小城市，有妻有妾儿女满堂，兼有几个仆人的十几口大家庭，一个月有二十个大洋就足够维系小康生活。最有钱的北大的教授，雇着听差、保姆、厨子、车夫，这些人的工钱一个月全部算下来，也就三十块大洋。当时一个店倌月薪四个大洋，就能让一个小家庭过上衣食无忧的生活。

按理说徐志摩挣到那么多钱，他们家的日子应当是很宽裕了，其实不然，即使他这样出去打拼，每个月下来还是入不敷出。

陆小曼是交际花，她要过最奢华的生活，花钱如流水一般，从来不算计，不作计划。事实上，这是一个非常自私的女人，她就是要及时行乐享受生活，她就是要纸醉金迷，她觉得这样才能找到自己的价值。

徐志摩和郁达夫是中学同学，也是一生的至交，那段时间他们都住在上海，来往很密切，郁达夫的妻子王映霞便也成为陆小曼的好朋友。某一日，王映霞去找陆小曼，恰逢陆小曼刚刚逛街回来，她的侍女跟着她逛了半天时间，一下子买回来五双上等的皮鞋。王映霞一看她买了这么多双鞋，就问：一下子买这么多啊？陆小曼伸出细长的兰花指，指着那些鞋子：每一种礼服要配不同的鞋子，这些还不够呢。这让王映霞深深感慨，富家小姐出身的交际花就是不一样，她也见过许多上海滩的交际花,她们出手可没有这么阔绰。

徐志摩把挣来的所有钱都交给陆小曼,自己舍不得买一件衣服,他的长衫裤子总是带着破洞。他已经没有作诗的雅兴了,每天疲于奔命,疲于挣钱,一个清风道骨的才子变成了琐碎俗气的男人。给陆小曼的钱不够花的时候,他便去借,今天借这个朋友的,明天再从那个朋友手里借了去还前面的账,东挪西借地过日子,他的风流倜傥的浪漫形象从此被大大打了折扣。

徐志摩的精神变得萎靡困顿,与过去完全判若两人。父母看着心疼,却也无奈,他们最好的办法就是不看或者少看,他们觉得,家已经被陆小曼毁了,他们不想再住在徐志摩那里,要搬到范园和张幼仪一起住。

张幼仪顾及徐志摩和陆小曼的面子,觉得如果公公婆婆直接从他们那边搬过来有些不妥,当年在北平的时候,就因为他们住在自己那里,被徐志摩兴师问罪。若是过来住,也要先让两位老人回硖石,哪怕只回去一个星期,再次回到上海,住到自己这里说是想孙子了,要和孙子住上一段时间,这样就显得名正言顺了。

婆婆认为张幼仪说得有道理。于是他们先回了趟硖石,再回来时就直接住进了范园。

父母住在张幼仪这边儿,徐志摩得空便过来看看父母。

在父母面前,徐志摩可以稍稍轻松一会儿,有时候陪父母说说话，有时候什么都不说，坐会儿就走。

那天，他又来了，穿了一条有破洞的裤子。

母亲的眼睛一直盯着儿子裤子上的破洞，那神情有些凄然。她心里大概在想，儿子长这么大，从来没有穿过有破洞的衣衫，自从娶了个美艳的娇妻，却把自己的生活混得人不人鬼不鬼的，真是作孽啊。

张幼仪也注意到了那个破洞，在很明显的位置，或许现今的徐志摩已经习惯了自己的这个形象，他似乎浑然不觉。

傍晚到云裳时装公司看订单情况的时候，张幼仪悄悄为他定做了两套高级衣装。

衣服做好后，正赶上徐志摩去云裳时装公司，张幼仪便都交给他。

徐志摩很奇怪："谁的衣服？"

张幼仪说："你的啊。"

徐志摩觉得张幼仪弄错了："我最近没定做衣服啊？"

张幼仪轻描淡写地说："快回去换上套新衣服，把你的旧衣服换下，天天给学生上课，这带破洞的裤子也不雅观啊。"

徐志摩低头，才发现自己的裤子有了个破洞，他不好意思地收下那两套衣服，想说谢谢，终也没说出口。

陆小曼每天都不甘寂寞，她喜欢戏曲，不但听戏，自己还要登台唱戏，还要花大价钱捧角，赶上有义演活动，她便要登台唱压轴戏。每逢这种时候，她就撒着娇要徐志摩陪伴她，要他在她的戏里演个不重要的角色，她不在乎徐志摩唱得好与不好，她就是要出这个风头。

徐志摩又要挣钱，又要陪她，分身无术，特别是这种演出不是他喜欢的，所以他非常不自在，他曾在日记中诉说自己的苦恼："我想在冬至节独自到一个偏僻的教堂里去听几折圣诞的和歌，但我却穿上了臃肿的袍服上舞台去串演不自在的'腐'戏。"

在上海挣的这点儿钱远远不够陆小曼花，他又去北京大学任教，同时兼任女师大教授。那时候的北京已经改叫北平，徐志摩想把家迁到北平，陆小曼坚决不同意，他只好上海、北平两地跑，到了北平就住在胡适的家里。

京沪两地的奔波，让徐志摩身心疲惫。

无论多么美好的爱情，一旦加上物质的世俗气，便逐渐失去了当初的光鲜。陆小曼需要的是一个能悉心爱她、陪伴她，她想要什么便给她什么的男人，毫无疑问，徐志摩做不到。他奔波在两个城市之间，只能给陆小曼物质欲望的部分满足，精神上的需求便完全荒芜了。陆小曼能让自己的精神世界杂草丛生吗？她依然沉溺于演戏，这个时候，文人公子翁瑞午便进入了她的生活。

陆小曼和翁瑞午的相识，是在一次京剧表演中，翁瑞午唱旦角，扮相很美，陆小曼便开始注意他。后来两个人同台唱昆曲，下台后，知道怎样讨女人高兴的翁瑞午主动替陆小曼拿衣服。陆小曼需要的就是这个，她立即对这个男人有了好感，两个人于是越聊越近。这个男人长得仪表堂堂的，他个子很高，也和徐志摩一样戴眼镜，白白的瘦长脸，他习惯于穿长衫黑缎鞋，会说流利的北方话，看上去是一派民国儒雅文人相。

翁瑞午的父亲是清末梧州知府翁绥琪的二儿子，他的祖父翁绥琪不仅是名画家，有鉴赏力的书画收藏家，还是同治、光绪两代帝师翁同龢的门生。从小生长在这样一个环境中，翁瑞午琴棋诗画都会一些，会唱京戏昆曲，是个高级票友，深得梅兰芳赏识。他还跟随海派中医泰斗、丁氏推拿创始人丁凤山学习中医推拿。翁瑞午的父亲为他留下了一批古董字画，而且，还从父亲那里继承了一座山的丰产茶园，所以，他可以像京城的八旗子弟一样，不用工作就能过得悠闲自在。

结识了翁瑞午，陆小曼的生活便不再寂寞了，她想听戏、演戏、画画，翁端午陪她，她身体不舒服了，翁端午为她推拿。陆小曼平时不正经吃饭，正餐从来不好好吃，什么时候饿了，什么时候吃零嘴吃水果，这样一来身子越发虚弱。当年她怀了王赓的孩子流产后患上了妇科病，经常会疼痛到晕厥过去，翁瑞午的推拿绝技便派上了用场，只要翁瑞午一按摩，她的病情就会有所缓解。

翁瑞午还有一个过人之处，就是嘴皮子溜，特别会调侃，谈吐风趣轻松幽默。还有一个很重要的，他手里不缺钱，陆小曼的钱不够花了，他可以帮她一把，甚至徐志摩去欧洲的时候，旅途钱紧，也是翁瑞午卖了字画帮了他。所以，这个人走进徐志摩的家，也是下了本钱的。

这个姓翁的男人的进驻，首先不高兴的是徐家老太太。

徐志摩的母亲对陆小曼从戏院带回来的这个男朋友很有意见。因为陆小曼需要他的陪伴，翁瑞午便堂而皇之住到了徐家，而且被陆小曼奉为上宾，冰箱里有块火腿，也要为翁瑞午留着，若是徐申如给吃了，便会遭到陆小曼的一顿数落。徐志摩的母亲想给教书累得嗓子痛的徐志摩用些柜子里的人参，用人这时候却会说，陆小曼吩咐了，那些人参别人碰不得，是留给翁先生吃的。

翁瑞午简直成了这个家里的主人。

陆小曼身体不好，翁瑞午帮她减少病痛的办法不仅仅是推拿，他还劝她抽几口鸦片缓解病痛，直至把陆小曼培养成了瘾君子。

试想一下，翁瑞午每天陪着陆小曼躺在烟榻上，吞云吐雾地吸食鸦片，有时候一吸就是一夜，这样的情形，徐志摩的父母会是什么感受？也难怪徐家老太太曾对张幼仪告状：

> "这是谁的地盘啊？"老太太喊道，"是公婆的，是媳妇的，还是那个男朋友翁先生的？徐志摩一点儿都不在乎这件事，他说，只要陆小曼和翁先生是一起躺在烟榻上吸他们的鸦片，就不会出什么坏事。徐志摩讲：'他们是互相为伴。'可是昨天晚上他回家以后，爬上烟榻另一头和陆小曼躺在一起；陆小曼跟翁先生一定一整个晚上都在抽鸦片烟，因为我今天早上发现他们三人全都蜷在

> 烟榻上：翁先生和陆小曼躺得横七竖八，徐志摩卧在陆小曼另一边，地方小得差点摔到榻下面。"

这种畸形的感情和关系让徐志摩心里也很不舒服，他和陆小曼的关系也大不如从前了，两个人经常闹矛盾。

到了北平，徐志摩有时候会向胡适诉诉苦，这样心里还舒服一些，这些话对别人也没法说，说了，别人会认为他是自作自受。

胡适听了，叹息一声：爱则合，无爱则离，过不了就马上离婚。

徐志摩又舍不下陆小曼，他为了寻找心理上的平衡，便和胡适等人一起去逛妓院，逛完之后，写信给陆小曼，如实禀告。1931 年 6 月 25 日，徐志摩在给陆小曼的信里说："说起我此来，舞不曾跳，窑子倒是去过一次，是老邓硬拉去的。再不去了，你放心。"

刚刚过去三个多月，他又去了，10 月 1 日又向陆小曼坦白道：

> 晚上，某某等在春华楼为胡适之饯行。请了三四个姑娘来，饭后被拉到胡同。对不住，好太太！我本想不去，但某某说有他不妨事。某某病后性欲大强，他在老相好鹅鹅处又和一个红弟老七发生了关系。昨晚见了，肉感颇富。她和老三是一个班子，两雌争某某，醋气勃勃，甚为好看。

陆小曼收到这种信件，会是什么心情？

至此，徐志摩和陆小曼的爱情已经完全变了味，他们互相伤害，嘴上偏偏又都言称互相深深爱着。

即使没有后来的飞机失事，徐志摩不幸遇难，他们的爱情大厦也几近崩塌了。

艳丽的交际花

陆小曼吸食鸦片这件事，不但让徐志摩痛心，而且让所有喜欢陆小曼的人也对她有了深深的成见。

陆小曼自己也知道鸦片的危害性，也知道一旦染上鸦片瘾，自己的形象会大打折扣，她曾经对王映霞说："吸鸦片不是一件好事，我也偶一为之而已。我是多愁善病的人……喝人参汤，没有用；吃补品，没有用。瑞午劝我吸几口鸦片烟，说来真神奇，吸上几口就精神抖擞，百病全消。"

人们习惯于把这份责任推给翁瑞午，认为若不是这个八旗子弟范儿的翁瑞午教唆，陆小曼也不会变成瘾君子。此时的陆小曼已经不是小孩子，与什么人交往，交往的尺度该有多大，什么东西可以沾，什么东西不可以沾，她应当很清楚。徐志摩的疏于管理以及纵容娇惯，翁瑞午的教唆推荐，让看似生活丰富，其实精神空虚、奢靡颓废的陆小曼迅速迷恋上鸦片，她的吸食量比一般的瘾君子要大得多，并不像她自己说的，偶一为之而已。

　　陆小曼保持她一贯的精致贵族生活，连抽大烟都与别人不一样。

　　翁瑞午的女儿翁香光小时候经常跟着父亲去徐志摩家，见识过陆小曼吸鸦片的精致品位生活。

　　那个时候，一般人家是吃不起蜂蜜的，而陆小曼家里总存着许多蜂蜜。因为抽鸦片的人肠胃不好爱便秘，陆小曼便让用人把蜂蜜放进针管，然后注入体内，加快肠胃蠕动。

　　鸦片这东西，越抽人的身体就越虚弱，她就请来个奶妈，专门喝人奶，据说，人奶比牛奶营养价值高。

　　还有，抽鸦片烟的人，鼻子下面会出现两道黑黑的印痕，只要在街面上看到鼻子下边有这种印痕的人，一定是瘾君子。陆小曼是社交场上的交际花，怎么能带着这种丢人的标志出门呢？她让用人每天帮她采购一板嫩豆腐，用来揉擦黑色的印痕，擦完再涂上蛋清，最后再用化妆品。这样，陆小曼走出家门，又是一个风华绝代的佳人。

　　张幼仪惊诧于陆小曼怎么会吸食鸦片，在她的印象中，这个女人还是很有品位的，有品位的女人怎么可以做这么没品位的事？这令她想不通，并替陆小曼悲哀。她对这种东西历来是避之不及的，哪怕做药引子，也不敢沾。

　　张幼仪十四岁的时候去杭州度假，和四妹吃了不卫生的虾子发高烧胃肠绞痛。医术高明的父亲给她们开了点儿鸦片起镇静作用，四妹服用后立即安静下来，轮到张幼仪吃药了，她却别过头，拒绝服用鸦片。她问父亲："要是我染上鸦片瘾怎么办？"

父亲解释说："这一点儿鸦片不会上瘾。"

张幼仪依然固执地不吃："我宁肯忍受痛苦也不吃，万一我上瘾，你会永远照顾我？"

父亲对这个固执的女儿也无奈，就换了个药方。

张幼仪听说过鸦片是害人的东西，不但人吸了会上瘾，连烟榻房梁上的老鼠，闻了鸦片烟气也会上瘾，据说每每瘾君子们躺在烟榻上吞云吐雾的时候，上了瘾的老鼠就会集结在房梁上，等着闻烟味儿。

她甚至担心，徐志摩和他们混在一起，一同睡在烟榻上，会不会也会被熏上瘾。

家里供养着这样一个不懂事的非主流头牌名媛，真是够不容易的。

徐志摩默认了陆小曼和翁瑞午的交往，默认她可以有男朋友。他已经被陆小曼折磨得疲惫不堪，恨不得歇口气，这个翁瑞午帮他卸下了一些沉重的负担。至少，从此以后，陆小曼就不必天天拽着他左右不离地陪伴着了。在徐志摩看来，翁瑞午是不是男小三都无所谓，只要他能喘口气，别让陆小曼把他累死，就可以了。再说，翁瑞午受过良好的教育，算是个优雅的男人，如果陆小曼结交上一个更加不靠谱的人，不是更有苦难言吗。

翁瑞午和陆小曼身上都有点颓废的纸醉金迷的气质，也许，从某种意义上来说，陆小曼和翁瑞午比她和徐志摩更般配一些。正是因为两人之间有许多共同的气质，才迅速走到一起，迅速好起来。

在徐志摩遇难之前，陆小曼表白过，两人虽然一直同居，但没有发生过关系。陆小曼说她对翁瑞午没有爱情，只有感情。

徐志摩对这个迷恋上鸦片的女人非常无奈，这样的生活状态并不是徐志摩想要的，他这才明白，婚姻和爱情不完全是一码事，有时候完全是两码事。两个浪漫的人走进一桩婚姻，走进实实在在的生活中，浪漫就变成了多余的东西，那玩意儿不能当饭吃，不能当钱花。从小娇生惯养的陆小曼需要大量的零花钱保障她的消费，她的美丽和张扬，都要用金钱做支撑，她从来没有想过钱是怎么来的，她从来只需要花钱，她要用钱满足自己的一切欲望。

他们开始吵架，开始冷战，为了钱的事，为了花钱的事。

徐志摩曾给不知节省花钱的陆小曼写信说："爱，在俭朴的生活中是有真生命的，像一朵朝露浸着的小草花；在奢华的生活中，即使有爱，不能纯粹，不能自然，像是热屋子里烘出来的花，一半天就衰萎的忧愁。论精神我主张贵族主义，谈物质我主张平民主义。"

陆小曼看了这封信，淡淡一笑，什么平民主义，你不就是挣钱太少，供不上我花嘛。

浪漫的婚姻，一旦掺和进金钱这些东西，就显得俗气了，原有的那些高雅和浪漫也就荡然无存了。徐志摩很失望，陆小曼很失落。失望至极的徐志摩为了逃避现实，曾经到欧洲游历讲学去了半年多，这个时期，翁瑞午便成了陆小曼身边唯一的男人。

儿子长期不在家，徐申如觉得他们徐家应当关心一下陆小曼这个儿媳妇，就来到徐志摩的家，对陆小曼说："你没必要一个人守着一个大宅院，倒不如把车子停到车库，只留下一个用人看房子，和我们一起到乡下住。"

他这样说，是为了给陆小曼一个与徐家冰释前嫌的机会，毕竟，她是徐志摩名正言顺的妻子。

陆小曼不置可否，当时没有说行，也没有说不行。

徐申如以为陆小曼答应了，便和妻子回到硖石等着她回家。可陆小曼那边始终是音信皆无，去还是不去，都没有任何消息。徐申如的心不由得彻底凉了。

半年后，徐志摩回国，徐申如去火车站接儿子，他对徐志摩说的第一句话就是："我已经决定不和你的老婆讲话了，她都不搭理我，我何苦善待她。"

徐志摩从父亲的话中，知道陆小曼又得罪他们了，他夹在中间也很无奈，父亲的脾气他知道，陆小曼的脾气他也知道，哪一个他都劝解不了，只能这样。

一年后，徐志摩的母亲患了严重的气喘病，当时，这对老夫妻已经住回硖石。

老太太病得很严重。徐申如先是给儿子打了电话，让他马上赶回来；接着又给张幼仪打电话，告诉她也要赶过去。

张幼仪一接到这个电话，就知道情况很严重，婆婆应当是不久于人世了，否则公公不会给自己打这个电话。

她和老太太是有感情的，两个老人在上海住在她的家中，她怎么照顾都行。如果回硖石就不一样了，那里是徐家，她已经不是徐家的媳妇，如果回到为徐志摩和陆小曼盖的那座小洋楼上，她算什么？事实上，她从来没有踏上过那座小洋楼一步，她是从儿子阿欢的口中，从公公婆婆的口中知道的那座小洋楼。这一次，婆婆生命危在旦夕，她觉得陆小曼肯定会去的，那个女人才是徐家的媳妇，她也不想和她共处一室。

张幼仪答应立即把阿欢送回硖石，她已经给徐志摩打了电话，约好在火车站见面。

匆匆赶到火车站，徐志摩已经先到了，正在东张西望等着他们，身边并没有陆小曼。把阿欢交给徐志摩，张幼仪便走了。

当天下午徐志摩父子就到了硖石，徐申如一看张幼仪没来，立即给她打电话，问她："你为什么没来？"

张幼仪说："我离婚了，这个时候不应该插手你们徐家的事情。"

她怕自己的出现会惹陆小曼不高兴，毕竟，人家才是徐志摩的现任妻子。

徐申如无言以对。是啊，张幼仪说的有道理，徐志摩和陆小曼现在才是最应该守在即将离世的老太太身边的人，张幼仪如果来了，别人会觉得她想和陆小曼争夺什么。

其实，张幼仪的心中一点儿都不宁静，她还是担心婆婆的。

到了晚上，徐申如又给张幼仪打电话，还是催她赶过去。因为他和陆小曼已经很长时间不说话了，他不想让陆小曼过去，就是想让张幼仪回去主持大事。这次在电话中，能听出徐申如已经开始动怒了，看来，老太太的情况确实不好。

张幼仪说："你让徐志摩听电话。"

徐志摩接过电话，口气和父亲一样狂躁，他说母亲快不行了，自己不知道该怎么办。言外之意，也是希望张幼仪尽快赶过去。

张幼仪犹豫不决，去还是不去？凭着这些年和老太太的感情，不去不近人情；去了，她又算什么名分，明摆着她已经不是徐家的正式儿媳妇了。

经过再三思量，她还是去了硖石。

她赶到的那天，距离老太太去世还有两个星期。一见到张幼仪，婆婆被病痛折磨得已经非常虚弱疲惫的脸上显出一丝笑意："你总算是来了，这下我就放心了，我晓得每样事情都会办得妥妥帖帖了。"

老太太安心地走了，她去世后，张幼仪做了一个儿媳妇该做的一切事情。她帮老太太穿寿衣、入殓，找和尚做法事，找裁缝做孝衣，甚至还请来了一帮哭灵的。

一直到徐志摩的母亲去世，徐申如还是不允许陆小曼来硖石。

徐志摩左右为难，陆小曼不来，人们会笑话。陆小曼来了，父亲不容。他怎么办？

徐志摩最终没有尊重父亲的意愿，他直接找了操办丧事的本族亲属们，直接找了张幼仪，让他们去说服徐申如，给他和陆小曼一个面子，如果母亲的葬礼陆小曼都不能参加，让她以后还怎么在世面上混？

一直到了临出殡的那天，徐申如终于松了口，同意陆小曼从上海回硖石奔丧。

陆小曼这些日子过得也纠结，徐家死活就是不让她回去，她也没办法。知道张幼仪就在硖石，人家徐家只认这个儿媳妇，她心里酸溜溜的，有些忌妒，也有些恨意。那个女人没有自己这样风华绝代的美貌，没有自己交际花的社交手腕，却会拉拢人心，不知道给老头老太太吃了什么迷魂药，让他们就信她一个人。

为徐志摩母亲举行丧礼的那天早上，陆小曼才从上海坐火车赶到硖石。到了，也没敢在徐申如和乡亲们面前露面，徐志摩让她先在卧室里藏着，大概怕她太招眼惹得父亲不高兴，给葬礼添麻烦。

她来了，张幼仪在徐家老宅也一直没有出来，她不想和这个女人在一个屋檐下待着。陆小曼的出现，会让张幼仪的身份很尴尬。

不过，真到葬礼举行的时候，张幼仪和陆小曼还是都现身了，她们都穿着白麻孝衣，并排站在一起对来宾鞠躬还礼。

张幼仪的身边是徐志摩、陆小曼和阿欢，只不过，陆小曼是徐家儿媳妇的身份，张幼仪是徐家"干女儿"的身份。

徐志摩的母亲去世后，徐申如就彻底住到了上海。他还是在张幼仪给他在范园盖的房子里住着，再也没有去徐志摩的家住过。

作别西天的云彩

1931 年，徐志摩在北京大学英文系任教授并兼北平女子大学教授。

这一年，他和林徽因的关系出现新的转机。

林徽因和梁思成归国后，受聘于东北大学任教。林徽因的肺病复发，只好辞职回到医疗条件比较好的北平，到北平香山双清别墅疗养。独自在北平工作的徐志摩便经常抽空去香山探望林徽因，两个人之间一度搁浅的感情之舟大有要重新起航之意。

徐志摩的真情，给在香山养病的林徽因带来了莫大的安慰，她发现，他们之间的感情并没有随着时间的逝去而时过境迁。此时，林徽因已经为人妻为人母，徐志摩对她还抱有深厚感情。

你去，我也走，我们在此分手；／你上那一条大路，你放心走，／你看那街灯一直亮到天边，／你只消跟从这光明的直线！／你先走，我站在此地望着你，／放轻些脚步，别教灰土扬起。／我要认清你远去的身影，／直到距离使我认你不分明。／再不然，我就叫响你的名字，／不断的提醒你有我在这里／为消解荒街与深晚的荒凉，／目送你归去……

这是徐志摩为林徽因写的《你去，我也走》中的诗句。

林徽因病好之后，从香山回到北总布胡同的家，那里便成了徐志摩经常去的地方。他让林徽因的太太客厅更加热闹，还给她介绍来自己最好的朋友，清华大学哲学系教授金岳霖。

北平的生活，让他找回了过去的那个徐志摩。但是，一回到上海，一见到陆小曼，他的心情立即又变得沉郁起来。

不管他多么爱着林徽因，人家现在是有丈夫有孩子的人了，他无法拆散林徽因的家庭。林徽因与陆小曼不一样，她是不会弃丈夫与儿女于不顾，追求虚无缥缈的浪漫的，她的浪漫是建立在理性的基础上的。

徐志摩还是要经常回到上海的家中，陆小曼不但需要他的爱，还需要他挣钱供养。

11 月，徐志摩最后一次从北平回到上海的家——陆小曼发电报催他回去呢，她手里的钱又花光了，维持不了交际花的生活了。

这次回家，除了陆小曼的催促，他还有一件事，就是替表叔蒋百里卖掉在上海遇园路的房子。陆小曼花钱的能力越来越大，她除了参加各种杂七杂八的活动，又增加了一份极大的开销，就是抽鸦片。徐志摩把自己挣得所有工资稿费几乎全都寄给陆小曼，自己每个月只留下三十元钱。可即使是这样，陆小曼还是不够花。

正好蒋百里在上海有一套房子要卖，要徐志摩帮忙。徐志摩觉得这是个挣钱的好机会，他可以趁着卖房子从中赚一笔中介费，留给陆小曼。

徐志摩的好友沈从文在给赵家璧的信中也提到这些：

> 徐南去，主要因小曼不乐意去北平，在上海开支大，即或徐先生把南京中央大学和北大教书所得薪金全寄上海，自己只留下三十元花销，上海还不够用，因乘蒋百里先生卖上海遇园路房子时，搞个中介名义，签了点字，得一笔款给小曼，来申多留了几天，急于搭邮件运输机返北平，则因为当天晚上林徽因在协和小礼堂为外国使节讲中国建筑艺术，急于参加这次讲演，才忙匆匆地搭这次邮件运输机回北平。

11月11日，徐志摩搭乘张学良的专机飞抵南京，然后，13日坐火车回到上海。

在上海住了几天，办完房地产中介的事，徐志摩急着去参加11月19日晚上林徽因在北平协和小礼堂为外国使者举办的中国建筑艺术的演讲会。

他准备搭乘当日早八点的中国航空公司飞机，由南京北上。

1931 年 11 月 17 日，那个傍晚对于张幼仪来说和平常没什么两样。

初冬之夜，天黑得早。张幼仪和往日一样在银行忙完自己的工作，步行一段路程，来到云裳时装公司，看这边的订单。八弟张嘉铸也在店里，他一般没什么别的事情都在这里盯着。

南京路上的路灯霓虹灯都次第亮了，一个新的夜晚开始了。

天气越来越冷，天一黑，顾客就少了。

店门开了一下，徐志摩携着一股冷空气走进来。他到店里，是找张嘉铸的，不知要和他交代些和新月社有关的什么事情。所以，他朝张幼仪打声招呼，便和张嘉铸聊起来。

聊完了他们的事，他想起在这里定做的几件衬衫，就对张幼仪说："你替我问问裁缝，替我做的那几件衬衣快好了没有？"

张幼仪说："记下了，我就去问。"

徐志摩想起自己前些日子曾经向张幼仪借过一笔钱，至今还没还上，就准备掏钱还她："我前些日子借过你的钱还没还呢。"

张幼仪摇摇头制止住他掏钱的手："不用还了，那是你老爹的钱。"

她不想看他过得如此窘迫，不知为什么，她还是心疼他，尽管他已经不是自己的丈夫，尽管他曾经那样伤害过她。她随口问了一句："你几时回北平？"

徐志摩说:"我搭飞机回来的,这次来是带人去看一套朋友要卖掉的房子,从里面可以赚些佣金,明天一早就去南京,然后坐飞机去北平。"

张幼仪说:"那就等下次回来再拿衬衣吧,这次指定是赶不上了。明天一定要走吗?为什一定要这么赶?"

徐志摩似乎想说明什么,对张幼仪欲言又止,沉默了片刻才说:"一定要赶回,我搭乘中国航空公司的飞机回去,这飞机是免费的。"

一提起坐飞机,张幼仪就想起当年和徐志摩一起从法国到英国的第一次乘飞机的经历,那次坐飞机,她的心都提到了嗓子眼儿,所以,素来对飞机没什么好印象。一听徐志摩又要坐飞机,她忍不住说:"我觉得你不应该搭中国航空公司的飞机,不管是不是免费。"

徐志摩觉得在乘飞机这件事上,张幼仪还是没蜕去当年的土包子气,尽管她现在不是土包子了。他满不在乎地对张幼仪说:"我有一本免费乘机券,中国航空公司给的,不用白不用,呵呵,我不会有事的。"

那张有些狡黠的笑脸,是徐志摩留给张幼仪的最后一个表情,最后一个印象。然后,他又裹着寒风消失在华灯初上的夜色中。

张幼仪想对他说:为什么坐免费飞机,不就为了省一点儿交通费吗?省下那几个钱维持陆小曼在上海的奢靡生活费用,何苦呢。

但是，这样的话是不能说出口的，说出来人家会认为她忌妒陆小曼。

那一夜回到家，徐志摩并不快乐。

他走进家门，又见陆小曼和翁瑞午歪在烟榻上，正在悠闲自在地吞云吐雾，烟雾缭绕中，两个颓废的烟民面对面躺着，那情景真有些暧昧。

徐志摩忍气吞声，坐到烟榻一角，对陆小曼说："你这样抽下去总不是办法。"

陆小曼手捧烟枪有滋有味怡然自得地在烟榻上美滋滋吸食鸦片，尖着嗓子问："你以为我愿意抽啊，还不是为了治病。"

"治病应该去医院，抽鸦片上了瘾，以后越来越难戒掉，依我看，趁着现在抽的时间不长，还是戒了吧。"徐志摩皱着眉头说。

一听徐志摩要自己戒烟，陆小曼首先想到的是，这个男人一定是没有能力供养自己了，才说这样的话。她从小自恋惯了，容不得哪个男人这样命令自己，即使自己爱的人也不行。她发脾气了，而且把她的娇小姐脾气全施展出来，把手中的烟枪摔向了徐志摩脸上，徐志摩慌忙躲闪。

烟枪摔过来，砸到徐志摩的金丝眼镜上，眼镜当即掉到了地上，镜片顿时被摔得粉碎。

翁瑞午一看形势不妙，早就悄悄溜走了。

大战的结果是平局，徐志摩没有像以往那样甘心认输，而是提起箱子摔门而去，他说："我明天就乘飞机走。"

陆小曼在他的身后奉上一句冰冷的话："你若坐飞机死了，我便做风流寡妇！"

徐志摩再也没有理睬她，他转身便走。他扭转身子的一刹那，陆小曼透过氤氲的鸦片烟气，看到他破旧的衣衫上有一个洞，那个破洞很刺眼，刺痛了陆小曼的双眼。

徐志摩走后，屋子死寂般的安静。陆小曼以为很快他还会回来的，就像过去吵完闹完，过不了多久气消了，他就会回来的。可是，她没想到他这一走却是他们的永别。

郁达夫回忆："当时陆小曼听不进劝，大发脾气，随手把烟枪往徐志摩脸上掷去，志摩连忙躲开，幸未击中，金丝眼镜掉在地上，玻璃碎了。"

徐志摩一怒之下，18 日一大早就乘车离开上海，去了南京。对这悲催的生活，徐志摩有些绝望了，他觉得自己当下的生活像毒蛇脏腑所构成的冰冷、黏湿、黑暗无光的狭长甬道，陷入到里面，只能挣扎着往前走，没有退路。

到了南京，原本是打算乘张学良的福特式飞机回北平，可那天情况临时有变，直到临行前，张学良让人通知他，因为他还有事情没处理完，飞机改期了。

如果是别的事，改期便改期，但是，林徽因的事他不能耽误，他必须想办法赶上林徽因的讲演，他要去给她捧场。

朋友们于是抓紧帮他联系，终于联系到，19 日有一架从南京飞往北平的邮政飞机，朋友们问他坐不坐，因为邮政飞机的乘坐条件要差得多。

徐志摩说，邮政飞机也可以。

19日一大早，中国航空公司"济南号"邮政飞机安安静静停在南京机场，徐志摩按时登机。从前一天晚上起，他就头痛得厉害，上飞机前，他给陆小曼写了一封短短的信，写这封信是为了缓和他和陆小曼的关系，他也怕自己这样负气出走伤了他们的感情，信上说："徐州有大雾，头痛不想走了，准备返沪。"

"不想走了"这话不一定是真的，这只是说给陆小曼听的，让她高兴，但是，徐志摩头痛或许是真的，徐州有大雾则完全是真的。

同时，徐志摩还给梁思成、林徽因发电报，请他们下午三点到北平南苑机场接他，这架飞机正常时间是下午三点到北平，不会耽误晚上去给林徽因捧场。

八点整，飞机准时从南京出发，飞上天空，向北，向北。

这架飞机只有一正一副两个驾驶员，加上徐志摩，一共三个人。与第一次在欧洲坐过的小飞机比较，这架飞机算是大些的。飞机由副驾驶员梁璧堂驾驶，驾驶员王贯一坐在徐志摩前面，他也是文学青年，遇上徐志摩这个心目中的大师级偶像，他很兴奋，那天他们不停地聊着文学。

中午十二点半，飞机飞到了济南党家庄附近的上空，大雾弥漫，已经完全看不到方向，副驾驶员梁璧堂寻不到准确航线，只得擅自降低飞行高度。

飞机飞得太低了，结果撞上白马山（又称开山）而发生爆炸！附近的村民看到，山顶上一团火球腾空而起，机身起了火，坠入山谷，两位机师与徐志摩全部遇难。

就在徐志摩坠机那天中午，在徐志摩上海的家中，悬挂在家中客堂的一只镶有徐志摩照片的镜框突然掉了下来。陆小曼就坐在旁边，镜框的突然落地吓得她心怦怦直跳！她低头看时，精美的相框已经摔坏了，镶嵌在相框上的玻璃摔得粉碎，散落在徐志摩的照片上。

难道发生了什么事吗？

然后，陆小曼便劝自己，不会有事的，这些年徐志摩坐飞机飞来飞去的，从来没有遇上过任何险情，他吉人自有天相，怎么会有事呢，是自己多想了。

但是，三十六岁的徐志摩真的去了，这颗诗坛巨星的生命，就像他那首著名的《再别康桥》中句子：

轻轻的我走了，／正如我轻轻的来；／
我轻轻的招手，／作别西天的云彩。

那天，徐志摩轻轻地走了，他去的那一刻，他的亲朋好友们没一个人知道。

那天，下午三点，梁思成按时去南苑机场接他，但是，等到了四点半仍然不见徐志摩搭乘的飞机到来，他只好返回家中。林徽因觉得事情有些不对，她打电话给胡适，让胡适设法打听飞机的动向。

那天，张幼仪晚上去朋友家打了两圈麻将，便回家睡了。当她半夜里从噩梦中惊醒，正为那没有由来的噩梦而惊恐不安的时候，有人咚咚敲门，那敲门声响彻在冬夜寂寥的上空，让人心神不宁。

有用人敲门进来，说有位中国银行的先生在家门口，拿了一封电报给她。

看完那封电报，张幼仪便晕在玄关处，不知自己是醒着还是梦着，电报里说：徐志摩出事了。

忍泪，送他最后一程

张幼仪让自己稍稍安静一些，又扫了一遍电报上的电文，终于确定自己并没有看错——徐志摩搭乘的飞机在济南附近坠毁，徐志摩同两名机师当场身亡。

怎么会这样，怎么会这样？他怎么会死？

张幼仪被这突如其来的噩耗闹懵了，她从来没有把他和死亡联系到一起过，他那样活蹦乱跳，那样不安于任何现状，竟然突然死了？

中国银行的那位先生大概是四哥派来的，他看着张幼仪悲戚绝望的神情，小心翼翼地说："我去过徐志摩家，可是陆小曼不收这电报，她说徐志摩的死讯不是真的，她拒绝认领他的尸体。"他又看了看张幼仪沉痛的表情，声音更低了：

"现在我们怎么办?"

张幼仪披上件外套,匆匆走到起居室,她没有权利责备陆小曼,人家拒绝认领她管不了。不过,她已经坚定信心,谁不认领他的尸体,她也要去认领,因为他是自己曾经的丈夫,是儿子的父亲,是自己的亲人。

她要让阿欢以儿子的身份去领回他父亲的遗体。

但是,阿欢只有十三岁,一个十三岁的孩子便失去了父亲,这于他已经很残忍,又怎么能再让这个未成年的孩子独自去那个遥远荒僻的地方呢? 必须有人陪他一起去。

"让阿欢去认领遗体,我来为他料理后事。"听得出来,张幼仪在极力让自己的情绪稳定一些,说话的时候在尽量让自己的声音少一些颤抖。

张幼仪开始拨电话。她拨电话的手指有些不听使唤,拨了很久才打出去。身边的人听明白了,她的电话是打给八弟张嘉铸的,她告诉他,徐志摩出事了。

电话那头,张嘉铸的声音很急促,追问她出了什么事?

张幼仪说:飞机失事了,徐志摩出了大事。他明天能不能带阿欢去济南一趟,把徐志摩的遗体领回来。

张嘉铸的声音哽咽了,他带着哭腔说:当然可以。

这个夜晚剩下的那段时间,对张幼仪便是煎熬,她痛心等待着那沉沉的黑暗一点点褪去。在这等待的漫长时光中,她想起他们在一起的那些青春时光,想起她第一眼见到的徐志摩,想起他们的婚礼……不知为什么,她只想到他的好,一点儿都想不起他对她深深的伤害。想一阵子，哭一阵子，天便慢慢亮了起来。

早饭时间，徐申如从范园他自己居住的那边走过来，到这边来吃早饭，平时每天的三顿饭他都到这边来吃。

张幼仪的眼睛是红肿的，她想了又想，终于对公公说："昨天有架飞机出事了。"

徐申如自从妻子去世之后，思维变得比过去迟钝多了，他"哦"了一声，继续吃饭。

张幼仪说："徐志摩在那架飞机上，现在他在医院里救治。"她怕一下子把这噩耗告诉老人，他接受不了，便决定先这样撒个谎，好让他慢慢接受这个现实。

徐申如听到这个消息很震惊，他对张幼仪说："你替我去医院看看他。"

张幼仪点点头，强忍着心中的悲痛，没敢落泪。

中国银行的那位先生确实是先去了陆小曼家，因为她是徐志摩的现任妻子，当然要先把消息告诉她。

陆小曼抽鸦片很晚才睡，正腾云驾雾般进入睡梦中，突然间门被敲响，有陌生人拿着那封电报跑来告诉她：徐志摩乘坐的飞机在济南失事了，徐志摩遇难了，让她立即去认领他的尸体。

这个人的话，陆小曼不敢相信，她从来没有见过这个人，凭什么相信他说的？徐志摩走的时候还好好的，怎么可能出事。尽管她中午的时候看到墙上挂着的相框突然掉下来的时候，心里也有过不祥预兆，但是，现在是民国了，这样的迷信人们都不信了。过后，陆小曼也觉得那是迷信，摔坏个相框和徐志摩能有什么关联。

万一来报信的这个人是骗子呢？街面上的骗子是很多的。

陆小曼宁愿相信这消息是假的，中国银行的那位先生只好去找了张幼仪。

到了第二天早上，南京航空公司的人再一次敲响了陆小曼的家门。

这一次，她不得不相信这是真的了，本来就有昏厥症的她，顿时便昏了过去。醒过来之后，便号啕大哭，她昏天黑地地哭，没有谁能劝得住她，直到哭得眼泪干了，嗓子哑了，她才停下来。低头间，望见自己还穿着艳丽的旗袍，便让女佣去她的衣柜里翻出一件黑色衣裙换了，头上包了块黑丝纱巾。

下午，郁达夫听到消息，赶紧带着妻子王映霞来看望陆小曼。

王映霞看到的陆小曼蓬头散发，正满脸悲伤疲惫地半躺在长沙发上，原本娇媚的女子，好似一下老去好多。见他们去了，她无力地挥挥右手算是招呼了。

郁达夫亲笔记录下了陆小曼那一刹那的表情："悲哀的最大表示，是自然的目瞪口呆，僵若木鸡的那一种样子，这种状态我在小曼夫人当初接到志摩凶耗的时候曾经亲眼见到过。"

梁思成没能从南苑机场接回徐志摩，林徽因的心里惴惴不安。那晚北平协和小礼堂的演讲会虽然还算精彩，林徽因的心里却一直没着没落，她热切的目光一直望着门口，希望徐志摩突然出现。演讲完了，还是没有徐志摩的身影，他消息皆无，让林徽因魂不守舍。她已经让胡适去打听，他那边也没徐志摩的确切消息。

第二天胡适像往常一样翻看《晨报》，中国航空公司飞机失事的消息映入眼帘：

> 京平北上机肇祸，昨在济南坠落！机身全焚，乘客司机均烧死，天雨雾大误触开山。

他一惊，判断徐志摩大概就在那架飞机上，于是赶紧借了辆汽车赶往中国航空公司。公司的人说，确实有架飞机在山东济南附近失事了，机上遇难的都是谁，他们还不清楚。

胡适心里越发不踏实，他最后想起给山东省教育厅厅长何思源发电报问问情况，那边传来消息：徐志摩就在那架飞机上，已经遇难。

林徽因听到噩耗，当场就昏倒了。

清醒之后，她想起几天前徐志摩从北平启程南下的那个午后，他们还在一起喝茶，晚上徐志摩又去过一次总布胡同林徽因的家，林徽因不在，他自己喝了一壶茶等了一会儿，总不见她回来，便留下一张字条："定明早六时飞行，此去存亡不卜……"林徽因回家后，看到上面的字，心里便不痛快，哪有这样咒自己的。她曾给徐志摩打去电话怨他一派胡言，徐志摩当时在电话里说："放心吧，很稳当的，我还要留着生命看更伟大的事迹呢，哪能便死？"

可是，他一语成谶，这句话说完刚落地，人就不在了。

林徽因流着泪水亲手做了个小花圈，让准备去济南白马山收殓徐志摩遗骸的梁思成带上，她还嘱他带回一块飞机的残片。

亲朋好友们从四面八方向济南集结。

飞机失事的地点在济南附近，而这架从南京飞往北平的飞机就叫"济南号"，这是巧合吗？

飞机在弥天大雾中撞上一座叫作开山的小山顶，两位驾驶员和乘客徐志摩都只有三十五六岁。附近的村民赶到之时，两位驾驶员的遗体被飞机油箱溢出的汽油烧焦，徐志摩在后面，只有衣服着了火，他的致命伤是额头被撞出的一个大洞。

那一夜，济南下起细雨，这个季节本该下雪了，天上却飘着蒙蒙细雨，老天似乎也在为这个才子的英年早逝而悲伤。

飞机失事的悲惨一幕恰好被正在不远处工作的一名津浦铁路的路警看到，他先是惊呆了。呆了一会儿，看飞机坠落的地方在冒烟，他慌忙报告了济南铁路站站长。站长开始以为是火车出事了，听明白是天上掉下来个飞机，便立即通知了航空公司济南办事处。

　　徐志摩的遗体是 21 日下午被运回济南市里的，暂时被停放在一个叫作福缘庵的小尼姑庙里。这是一个古旧破烂的小庙，整座庙里也就五六位尼姑，因为处在市井闹市区，这座破旧的小庙香火还算旺盛。平常这座庙的院子里被附近一些卖日用陶器的当作临时存放处，所以，里面放满了钵头、瓦罐、大瓮、粗碗、长颈脖储酒用的罂瓶之类的陶器。

　　22 日上午，徐志摩的好友梁思成、沈从文、张奚若等人冒着冷雨赶往济南，来到福缘庵。在香烟缭绕杂乱无章的小庙里，徐志摩的棺材停在一隅，他静静躺在里面，头上戴着一顶红顶绒球青缎子瓜皮帽，帽子遮住了头顶，却遮不住右额角上一个李子大的斜洞。他的眼睛微张，鼻子略略发肿，门牙已经脱尽。

　　沈从文在《三年前的十一月二十二日》一文中写道：

　　　　安静的躺在这个小而且破的古庙里，让一堆坛坛罐罐包围着的，便是另外一时生龙活虎一般的志摩吗？他知道他在最后一刻，扮了一角什么样稀奇角色！不嫌脏、不怕静，躺到这个地方，受济南市土制香烟缭绕的门外是一条热闹街市，恰如他诗句中的"有市谣围抱"，真是一件任何人也想象不及的事情。

　　下午五点，张嘉铸带着阿欢从上海赶过来了，他们还带来了张幼仪为徐志摩写的一副挽联：

万里快鹏飞，独憾翳云悲失路；

一朝惊鹤化，我怜弱息去招魂。

雨越下越大，他们蹚着积水走进福缘庵。

面对徐志摩那伤痕累累的遗体，张嘉铸悲从心底起，呜呜哭着让只知道傻哭的阿欢给他爹磕头。躺在棺材中的徐志摩看上去是安静的，旁边一只篮子里放着徐志摩的遗物，一角残余的棉袍，一只血污泥泞透湿的袜子，可以见证那场事故的惨烈。这些遗物中唯一完整的，是陆小曼的一幅山水画卷，画卷是装在铁盒子里的，他拿去准备请好友题跋，如今，却完好无损地静静躺在一边。

当晚十一点，张嘉铸和阿欢陪着徐志摩的棺柩一路向南，运往上海。到上海后，由万国殡仪馆重殓，在静安寺设奠。

在上海公祭那天下午，张幼仪穿了件黑色旗袍，缓缓走进万国殡仪馆。

她要再见徐志摩最后一面。

鲜花丛中躺着的那个男人，是她目前为止生命中唯一的男人。她泪眼婆娑向他望去，她看到，他的脸被黑丝袍衬得惨白浮肿，模样有些不像他了。

她深深向他鞠了三个躬。

她亲自来为他送行。

离开徐志摩的灵柩，张幼仪被正为丧事忙碌的一个朋友叫住，他说："陆小曼想把徐志摩的寿衣换成西装，她也不喜欢那棺材，想改成西式的。"

张幼仪拒绝了，她不想让徐志摩的遗体再折腾来折腾去，他已经承受了那么多折磨，他的身体不能再受任何折磨了。

张幼仪平静而坚决地说："就算他自然死亡，这一切都难更改了，何况他遭受了那样的意外。你去告诉陆小曼，就说和我商量了，我说不行。"

那位朋友点点头，表示他去同陆小曼说这件事。

徐志摩最后安葬在老家硖石镇东山万石窝。

在硖石举办的徐志摩的追悼会上，陆小曼想去参加，被徐申如拒绝了。

徐申如认为，如果不是这个女人天天逼着儿子玩命挣钱供她玩乐，徐志摩也不致命丧黄泉。他恨陆小曼，徐志摩活着的时候，她和那个翁瑞午就不清不白的，如今徐志摩不在了，她依然和那个姓翁的住在一起，这样的女人有什么资格参加儿子的追悼会？

无奈，陆小曼为徐志摩写了一副挽联让人送了过去，表达她的哀思：

> 多少前尘成噩梦，五载哀欢，匆匆永诀，天道复奚论，欲死未能因母老；
>
> 万千别恨向谁言，一身愁病，渺渺离魂，人间应不久，遗文编就答君心。

几个女人，说不定我最爱他

徐志摩像一朵云飘走了。

他不属于张幼仪，不属于林徽因，也不属于陆小曼。

陆小曼说，她对翁瑞午没有爱情，只有感情。她一生只爱过一个人，那就是徐志摩。徐志摩死后，陆小曼在书桌前写下"天长地久有时尽，此恨绵绵无绝期"，她责备自己不知道珍惜徐志摩的爱，不知道珍惜徐志摩。

林徽因在徐志摩逝去之后，在给胡适的一封信中曾这样说："这几天思念他得很，但是他如果活着，恐怕我待他仍不能改的。事实上太不可能。也许那就是我不够爱他的缘故，也就是我爱我现在的家在一切之上的确证。志摩也承认过这话。"人们都把徐志摩与林徽因看作爱的传奇，但是，林徽因究竟爱不爱徐志摩，一直是一个解不开的谜，她永远没有很明朗地告诉过徐志摩她爱他。事实上，她究竟爱不爱徐志摩，只有她自己知道。

张幼仪对徐志摩后来喜欢的两个女人都很鄙视。

陆小曼过着奢靡的交际花生活，徐志摩为了供养她把日子过得窘迫不堪，不顾自己的文人儒雅伸手向朋友借钱，甚至还经常向张幼仪借钱。为了这个陆小曼，徐志摩在北平、上海之间飞来飞去，若不是为了到上海给她送钱，然后再飞回北平，他怎么会死？一想到这些，张幼仪就难过。当陆小曼拒绝认领徐志摩的遗体时，她痛恨地认为：她怎么可以拒绝为徐志摩的遗体负责？从那时候起，她再也不相信徐志摩和陆小曼之间的那种爱情了。

徐志摩为了林徽因而和她离婚，最终林徽因却另嫁他人，这件事，让她记恨了林徽因一生。她恨她抢走了志摩，又抛弃了他，她觉得这个女人不义气。最终，徐志摩还是为了赶去北平为林徽因捧场而丧命。张幼仪知道这件事后，心里沉淀的旧恨又被翻腾出来，她恨恨地说："他当年就是为了这个女朋友跟我离婚，到头来又是为了林徽因。"

徐志摩死后，张幼仪独自抚养大了她和徐志摩的儿子，为徐志摩的父亲养老送终，为徐志摩的遗孀陆小曼提供生活资助。所以，她敢于说："我这辈子从没跟什么人说过'我爱你'。如果照顾徐志摩和他家人叫作爱的话，那我大概爱他吧。在他一生当中遇到的几个女人里面，说不定我最爱他。"

徐志摩一生遇到的那些女人中，每个女人对自己的定位都没有很大的过错，错在徐志摩，他总是激情四射，把这些女人的位置搞错了。

妻子安安静静任劳任怨陪伴男人过日子，情人给男人海市蜃楼般的激情和浪漫，红颜知己则是男人的另一个魂灵，如果把三个人的位置搞乱了，一生也不会感觉到幸福快乐。

林徽因本来就是徐志摩生命中的红颜知己，她那份空灵的美最适合做红颜知己，却被他当成了情人。但是，林徽因自己最初的定位是准的，她说："徐志摩当时爱的并不是真正的我，而是他用诗人的浪漫情绪想象出来的林徽因，可我其实并不是他心目中所想的那样一个人。"但是，再理智的红颜知己也经不住感情的不断撩拨，男人欲望的陷阱让许多女人最终做不成红颜知己。十年之后，徐志摩与林徽因又相逢在美丽的北平西山上，此时，夫君远在东北沈阳，旷世的绝代佳人恰好正需要一个温暖的肩膀倚靠一下，支撑自己风扶杨柳的娇弱病体，徐志摩适时把自己并不强壮的肩膀递过去。那个时候的林徽因，心中荡漾的激情其实已经不仅仅是徐志摩的红颜知己，他们的热情终于对等了，这份感情却越发尴尬且复杂起来。因为林徽因有一个深爱他宠着她的丈夫梁思成，有一个暗恋她的他们共同的朋友金岳霖。所以，林徽因对徐志摩忽冷忽热，一会儿把他当蓝颜知己，一会儿当情人，一会儿又当朋友，弄得徐志摩心里忽忽悠悠的，不知道哪个是真的。但他心里是把她当情人的，永远的情人。

得知徐志摩飞机失事后，林徽因第一时间派梁思成到出事地点为徐志摩收敛遗体遗物，她让梁思成捡回一块失事飞机的残片，此后，那块残片长年挂在林徽因卧室的墙上。她对徐志摩的怀念直到生命的最后一刻，这块残片成为横亘在林徽因和丈夫梁思成之间的一个说不出来的梗，不知道梁思成每天走进自己的卧室，看到那块与室内的一切很不协调的残片心里是什么滋味。不过，那件东西是他自己帮林徽因捡回来的，所以他只能无语。林徽因这个红颜知己在徐志摩生命最后的一年半载，已经把自己暧昧的好感转为了爱情；但是，他们命中只有红颜知己的缘分，没有做情人的缘分，更没有夫妻的缘分。

所以，林徽因的儿子梁从诫对这件事说得也有一定道理："我一直替徐想，他在 1931 年飞机坠毁中失事身亡，对他来说是件好事，若多活几年对他来说更是个悲剧，和陆小曼肯定过不下去。若同陆离婚，徐从感情上肯定要回到林这里，将来就搅不清楚，大家都将会很难办的。"

话说得虽然让人听着有些不舒服，但是，道理是对的，林徽因如果越过红颜知己的界限，将来这出爱情大戏便成为一个谁也收拾不了的乱局。

林徽因在徐志摩失事稍稍平静了一些之后，写下了一篇祭文《悼志摩》。在林徽因的文字中这一篇看上去写得比较平淡，许多感情是不能写出来的，思来想去，落到纸上，便淡成了这般模样。

与纸上的平淡相比，她向存放徐志摩"八宝箱"的凌叔华索要徐志摩日记和手稿那件事，就显得有些情绪过激了。

徐志摩总喜欢把简单的问题复杂化，他生前把自己的"八宝箱"交给了好朋友凌叔华保存，在徐志摩的情感世界里，凌叔华算是第四位女性。事实上，凌叔华算不上他的红颜知己，只是个关系不错的朋友，他却又一次把关系弄错位，把好朋友当成了红颜知己。于是，他写的那些关于林徽因、陆小曼的情感日记以及他的一些书稿，还有陆小曼的两本日记，都放进那个所谓的"八宝箱"里，存到了凌叔华那里。

突然不在了，那个"八宝箱"里的秘密就成了林徽因心里的一个结。她想从凌叔华手里要过来，重点是看看徐志摩记录他们在英国时候情感的那几本《康桥日记》。凌叔华的高傲一点儿也不输于林徽因，她坚决不给。这桩女人之间厘不清的烂事又惊动了胡适，林徽因请胡适帮忙，她用了一个冠冕堂皇的理由："我只是要读读那日记，给我是种满足，好奇心满足，回味这古怪的世事，纪念老朋友而已。"据说，徐志摩的那本著名的《康桥日记》到了林徽因手上的时候少了好几页，因为这件事，她和凌叔华彻底交恶。也因为这件事，陆小曼对她们也有很多看法，本来，这些遗物都应当还给她才是，何况里面还有她的两本日记。

林徽因与张幼仪一生只见过一面，那次见面，还是林徽因自己提出来的。

她虽然说自己不是多么爱徐志摩，但是，她知道，因为自己，徐志摩曾经伤害过一个无辜女人，这个女人就是徐志摩的妻子张幼仪，因为她，一桩婚姻毁灭了，张幼仪从此被抛弃离了婚。林徽因对这件事一直有点儿愧疚，这是她一生憋在心里解不开的一个结。徐志摩虽然死了，她还是忘不掉她，她总想见见那个让她抱愧的女人和徐志摩的孩子。

这个愿望，直到1947年林徽因病危的时候才实现。

她以为自己快不行了，生命中还有一件事情没完成，就是和张幼仪见一面。恰好，张幼仪当时到北平去参加一个朋友的婚礼，躺在病床上的林徽因消息依然是灵通的，她托朋友向张幼仪传话，她想见见她和阿欢。

张幼仪不好驳朋友的面子，因为朋友说林徽因在医院刚做完肺结核大手术，大概活不久了。连她的丈夫梁思成也已经从教书的耶鲁大学被叫回来了。再说，过去的一切都过去了，时间让曾经的恩恩怨怨都淡去了，一个濒死的女人，一个自己丈夫曾经爱过的女人，不管怎么说，也是和自己有关系的人，既然林徽因不知想了什么心愿，就委屈自己一趟，替她了了吧。

那天，张幼仪带着儿子来到林徽因的病床前，她的确很虚弱，一句话都不能说，只是静静看着站在她面前的张幼仪，上下打量她。张幼仪最终也没搞清楚林徽因为什么要见她，"我不晓得她想看什么。大概是我不好看，也绷着脸……我想，她此刻要见我一面，是因为她爱徐志摩，也想看一眼他的孩子。她即使嫁给了梁思成，也一直爱徐志摩。"

陆小曼本来应当是徐志摩的红尘情侣，他们是交际场上最合适的舞伴，是激情四射的一对好情人，他们灿若烟花的激情只适合在美丽的夜空绽放，是不能走进喧嚣的日常生活的。一旦让这璀璨烟花在白日燃放，便会失去应有的光彩，变得趣味皆无。当徐志摩和陆小曼不着实际的爱情从半空着陆之后，在平淡的日子里，徐志摩脱去才子的光环变成柴米油盐的世俗丈夫，甚至都不如一个平凡的公子哥翁瑞午对她更有吸引力了。陆小曼本来只适合做徐志摩的情人，他却把她变成了妻子，这样，他幸福快乐的狂漫书生日子便过到头了，他为此付出了巨大代价，甚至是生命。

徐志摩死后，陆小曼为自己用烟枪砸徐志摩那件事后悔了一辈子，她后悔那次家庭大战，后悔自己的任性和不懂事，后悔自己只顾挥霍而不在意他的衣衫破旧，她不知道用什么方式来减轻自责和悔恨，便把心中的思念和悔恨写成了《哭摩》。这篇文字与林徽因的那篇纪念文字相比，显然更加情真意切；其文笔哀婉清丽，颇有徐志摩文风，令人叹服陆小曼的才气。从此以后，她不穿时尚华服，不打扮，不跳舞，不再出去交际，也不出门应酬，而是静下心来整理徐志摩的遗稿。

但是，她依然抽鸦片，依然和翁瑞午同居。

她离不开鸦片，也离不开翁瑞午。那年她仅仅二十九岁，这样的年轻女子让她做节妇也不太现实，何况，陆小曼本来也没有做节妇的愿望和潜质。

徐志摩在世的时候，她就和翁瑞午关系暧昧，此时便明目张胆住在了一起。翁瑞午能给她提供鸦片，帮她解脱无尽的寂寞。这个世上，人们都不原谅她，许多人把徐志摩的死归罪于她这个红颜祸水；只有翁瑞午继续宠着她，一如既往来陪伴她。他们只是同居关系，因为翁瑞午有家室，他们进入不了婚姻，翁瑞午也不想抛弃结发妻子，把陆小曼变成有婚姻关系的爱人，在这一点上，他比徐志摩有远见。正因为没有婚姻的约束，他们的关系和感情都有伸缩度，所以不致有太多失望。

前夫王赓曾希望与陆小曼复合，她拒绝了，她知道自己已经回不到以前的生活了。胡适写信要她和翁瑞午这个自负风雅的文化掮客分开，让她和翁瑞午断交，以后一切由他负全责，他写信说："如果你不终止与翁的关系，那就是要和我绝交了。"陆小曼没有答应，大概她觉得与这个男人在一起比较放松，他可以陪她做她喜欢的任何事情，甚至陪着她烧鸦片，陪着她变成脸色白中泛青，头发蓬乱，牙齿脱光，牙龈黑黑，憔悴干枯的老太太。徐志摩死后，这朵美丽的花儿不到三十岁就过早凋零、枯萎了，她凄美寂寞地走完了从那往后的日子。

张幼仪本该是徐志摩一生的妻子，但他们只做了半路夫妻就分手了，从订亲那天起，徐志摩就因为那是一桩旧式婚姻从而认定张幼仪理所当然就是一个"乡下土包子"。即使没有林徽因出现，没有陆小曼出现，也必然会有另外一个徐志摩认为的理想女神出现，最终还是会把张幼仪给替换下来。其实，对于像天空里一朵云一般永远飘忽不定的徐志摩来说，平淡温婉的张幼仪才是最适合做他的妻子的人。但他非要让自己投影在林徽因的微澜荡漾的波心中，嘴上说各有各的方向，心里却一直不甘就这样别过；但他非要追逐天空中另一朵飘忽不定的云陆小曼，而他们的浪漫传奇注定是一个悲剧结局。

后来，本该是妻子的张幼仪被徐志摩错位地看成了姐妹，他们离婚后，他对她反倒比婚内好得多了，他们走动得更勤了，特别是徐志摩对张幼仪，有一种亲情的依赖。他们的关系处得像姐弟，总是张幼仪疼徐志摩多一些，其实徐志摩比张幼仪大好几岁呢。

张幼仪的包容大度以及能撑起半边天的能量，足以站在徐志摩背后帮他料理好家中的一切，从而使徐志摩可以放开手脚全力投入到自己的事业中去。

可是，徐志摩却把她抛弃了。

被抛弃的女人未必是恨他不爱他的那一个，张幼仪一辈子没说过爱徐志摩，她其实最爱他。徐志摩活着的时候，虽然离了婚，但她依然默默为他养育儿子，孝顺父母，从来没有对哪个男人动过心，一直未再嫁。

她不是嫁不出去，在她心中，没有哪个男人比得上她的前夫，曾经沧海难为水，除却巫山不是云，她不想随随便便就把自己打发给谁。

如果说林徽因对徐志摩的爱是若即若离的暧昧，陆小曼对徐志摩的爱是烟花乍放的激情，那么张幼仪对徐志摩的爱则是不愠不火的体贴。这种轻轻浅浅的爱，身在其中的时候体味不出来，当离开之后，才发现这爱令人难以释怀。

7

改嫁，找到新的人生港湾

离开伤心地，到香港去

徐志摩死后，张幼仪带着他们的儿子继续住在上海。她抚养儿子，照顾徐志摩的父亲徐申如，她觉得，这是她的责任，老人是自己的长辈，为他养老送终是应当的。

徐申如是在儿子死后十三年去世的，那些年，他一直跟着张幼仪这个前儿媳生活，直到他 1944 年辞世，都是由张幼仪照顾着。

张幼仪是个令人敬重的女人，她除了要管儿子和公公，还要替徐志摩兼顾一下那个令人不省心的陆小曼。每个月，要拿出一笔生活费存到陆小曼的户头，虽然她一直与翁瑞午同居，但是没有领证结婚，那么，她还算是徐家的人，是徐家的媳妇，就得照顾着点。直到张幼仪离开上海去香港前，翁瑞午找到她，告诉她不必再给陆小曼打钱了，他可以照顾好陆小曼，她才停下来。

一个女人，在战火纷飞的乱世，一边打理生意，一边照顾着一些不相干的人，一边做着三从四德的旧式女子，一边又要做奋发图强的新女性，活得很累很苦很难，她不得不让自己的内心更加强大，强大到可以用柔弱的双肩担负起所有的沉重。

好在，她的生意一直都顺风顺水的。她的服装生意做得很好，因为信誉好，银行的生意也越做越好。

张幼仪经商理财的天资得到了充分开发，在商界在股市她赚了不少钱。战争期间她囤积军服染料赚过一笔，后来还炒作过风险更高的棉花和黄金，不知道是她运气好，还是真的会经营，这些高风险的炒作在她那里照样有惊无险获了利。在艰苦的战争岁月，张幼仪经营的上海女子商业储蓄银行也撑过了一道又一道难关。

从"乡下土包子"成长为一个精明干练的女子，张幼仪从当年那个长年累月盘腿坐在炕上细细做女红的小媳妇，变为坐在办公桌前不停拨拉算盘的女老板，她身上那份温婉柔媚渐渐不在了，取而代之的是理性。这份理性从徐志摩在世的时候就已经形成了，所以，后来即使徐志摩对陆小曼的爱情淡去，也不可能再与缺乏浪漫诗意的铿锵玫瑰张幼仪复合。徐志摩后来与她关系尚可的原因，是已经把她当作姐妹般的亲人和一个有情有义的女哥们儿。

不但后来在性格上张幼仪变得很刚性，连她的着装风格，也远离了小女子的柔性。

2015年12月，上海有关部门曾举办过一次"上海望族旗袍2016迎新特展"，展出了七十件民国上海名媛的旗袍珍品。除了宋氏三姐妹和她们的家人的旗袍，荣宗敬、顾维钧、盛宣怀家族，永安公司郭家后人的旗袍，其中还有一件便是张幼仪二十世纪四十年代在上海经商的时候穿过的旗袍。那件做工考究质地看上去很不错的衣服，面料主色调是黑色的，沉沉的黑底上面，撒了些细碎的白色小花。与参展的那些色彩鲜艳亮丽的旗袍相比，这一件显得色彩过于沉稳了，沉稳得甚至有些沉重，穿上这件旗袍的张幼仪，给人的感觉一定是稳重大方。

衣如其人，只有这样的服饰，才能与那个时期的张幼仪相配，那样的穿衣风格，是职场女性所需要的。

这样的女子，不但男人敬重，女人也把她当作大姐。

张幼仪做生意基本上只赚不赔，她的商界朋友中有一位姓宋的女士，人称宋太太，决定拜张幼仪为老师，向她学习怎样做生意搞经营。

宋太太这个学生没有什么创新精神，她所谓的学习，就是张幼仪怎么做，她就怎么做，每一笔生意都如法炮制。

早上吃过早餐，宋太太便去张幼仪家。

张幼仪坐在客厅，给她做买卖的中间人打电话，告诉她某个生意她要怎么做。

张幼仪的电话一放下，宋太太便立即操起电话，也给她的买卖的中间人，用同样的方式，做同样的买卖。

张幼仪丝毫没有向她的朋友保留商业机密，她是一个很大方的女人，大约她觉得有钱大家赚也未必是一件坏事。

整整一年的时间，那位宋太太每天靠着张幼仪手把手地教，最后也出师了。

后来，张幼仪离开上海去了香港，宋太太也很没创意地随后去了香港。再后来张幼仪嫁了人，离开香港去了美国，宋太太便学不来了，最终落户到了香港，但是，她们成为了一生的好朋友。

赚钱，赚钱，张幼仪像个挣钱工具。她手里不缺钱了，却不知道挣这么多钱做什么用，她玩命挣钱，只是为了证明自己不是没用的土包子女人，过去是为了证明给徐志摩看，徐志摩死后，是为了证明给自己看。只有在忙碌中，她才感觉充实，所以，她不能让自己停下来。

看着儿子阿欢一天天长大，张幼仪的心中多了些欣慰。

阿欢是她生命的全部，是她活着的希望。她要好好培养他，不仅仅因为她是自己的儿子，还因为他是徐志摩唯一的儿子。

她还记得，阿欢出世百日那天，孩子的爷爷让下人把裁缝用量身尺、小算盘、铜钱以及一支毛笔摆了一片，让阿欢去抓。阿欢没有抓算盘，也没有抓尺子，而是伸手抓起了徐志摩用过的那支毛笔。徐申如高兴地说："又是一个读书人！我们家孙子将来要用铁笔！"他想让他的孙子用在官府重要文告上签字的铁笔，而不是徐志摩写诗的文学之笔。

不过，在张幼仪看来，无论是什么样的笔，首要的是把孩子培养好，拿得动手里的笔。

她每天无论多忙，都要监督阿欢完成作业。她很在意儿子的学习成绩，他父亲像他这么大的时候，已经是很有名的才子了，她也要让徐志摩的儿子争气，虽然不像他的父亲一样成为名噪一时的人物，至少，他要学有所成，不能长成人们不齿的纨绔子弟。

阿欢中学毕业后，面临着选择考什么大学，学什么专业的问题。因为从小父亲就不在身边，母亲又到国外学习生活了好几年，他从小就学会了不依赖父母，喜欢独立思考。特别是十三岁那年，父亲飞机失事之后，他连这样一个名义上的父亲都没有了，阿欢中学一毕业，就决定不学虚无缥缈的文科，他要学更实际一些的理工科，这样更加便于谋生。母亲一个人在外面拼命挣钱奔波，他不想再让母亲这样苦，他长大了，以后要挣钱养活这个家。于是，他报考了交通大学，学习土木工程。

儿子已经长到他父亲徐志摩娶妻生子的那个年龄，他长得那样像他的父亲，那肤色，那模样，那气质，连鼻梁上架着的那副金丝眼镜都那样像。长大后的阿欢，活脱脱就是一个青年时代徐志摩的翻版，特别是他把头发梳向后面，穿上

西服打上领带的时候，谁见了都会惊诧，这孩子长得太像他
父亲了。

有时候，张幼仪会看着儿子阿欢，他总让她不由自主想
到徐志摩，想到年轻时候的某些岁月的片段。

张幼仪不希望阿欢在没有完成学业前结婚，当年，她因
为没有毕业就结了婚，耽误了学业，为了这件事，她遗憾了
好多年，所以，不希望儿子也像她一样。

阿欢二十一岁那年，完成了土木工程专业的学习，张幼
仪觉得，儿子可以交女朋友了。那个时候，许多像他这么大
的人早就有了女朋友，有的甚至已经结了婚有了孩子。

她很少和儿子探讨婚姻爱情方面的事，那天，她终于破
例和他谈了谈。她想给儿子找一个合适的女孩做妻子，便要
先了解他自己的想法。她出嫁前，父母根本没有问过她想找
个什么样的丈夫，就替她做了主，她不能让儿子的婚姻步自
己的后尘。

张幼仪问儿子："你有兴趣娶谁做太太？"

阿欢想都没想就说："我只对漂亮姑娘感兴趣。"

张幼仪一下子便失望了，她没想到儿子会这样回答她，
他以为儿子会说我喜欢什么什么样的更具体一些的女孩，哪
知道他的回答这样直接露骨，他一点儿都不隐讳地说他喜欢
漂亮女孩。

什么叫漂亮女孩，像林徽因，陆小曼那样的？

这让她一下子想起他的父亲，想起喜欢漂亮的有魅力有

女人味的女子的那个风流才子徐志摩。

或许，这便是男人的天性，不管这个男人是不是很文艺，是学文的还是学理的，他们都有喜欢漂亮女子的天性。

既然他喜欢美丽女孩，便尽量依着他，如果给他找来一个他认为不漂亮的做妻子，将来说不定又是一出悲剧。

张幼仪以后就注意打听谁家有年龄相当的漂亮小姐，她要为自己寻找一个合适的儿媳妇。

在麻将局上，她听说有个漂亮小姐正待嫁，张幼仪便有意替儿子撮合，她采用的方式是传统与新式相结合，趁着她请女孩母亲吃饭的机会，让两个孩子先互相接触一下，看看他们是不是过电，有没有缘分，如果无缘，就不再深谈，她要尊重儿子的意见。

结果这个漂亮女孩一下子就把阿欢吸引住了。阿欢和那个女孩彼此都有好感，于是，他们谈起了一场两年多的恋爱，直到修成正果，走进婚姻殿堂。

阿欢的婚姻很幸福，这是张幼仪最大的欣慰。她怕儿媳在婚姻方面遇到和她一样的麻烦，所以，想方设法供她上学，让她学习中、英、法、德等多国文学课程，把她打造成文化女性，这样的儿媳，不但是美女，还是知识女性，可以满足儿子的审美眼光和知识品位。

阿欢娶妻生子，完全长成了大人，他开始谋划自己的未来。他想到美国继续深造，张幼仪尊重儿子的选择，1947 年，她把儿子送上去美国的客船，儿媳也一同去了。张幼仪认为，夫妻在一起有利于婚姻的牢固稳定，这是她用自己的人生经历总结出的经验。阿欢到了美国后，先是在哥伦比亚大学和纽约科技大学攻读经济和土木工程，毕业后做了一段时间的土木工程师，后来开始经商。他的经商天分，是从徐家祖祖辈辈的血脉中继承来的，也是从母亲那里继承来的。

儿子让张幼仪很踏实，阿欢刚去美国的时候，张幼仪独自留在上海，依然开时装公司，依然做银行副总裁，依然炒炒股，得闲打打麻将，日子过得很充实。偶尔，她还会想起徐志摩，偶尔，关于陆小曼的消息还会传到她的耳边。

她有时候便想，等自己真正闲下来，要替徐志摩出一本作品全集，这对他短暂的一生是个交代，对自己也是一个交代，夫妻一场，总要为他做些什么才是。

但是，好日子过了没多久，上海的经济秩序便进入空前的混乱，国民党政府气数已尽，解放战争中国民党军费开支浩繁，赤字剧增，通货膨胀使老百姓吃尽苦头。经济的萧条直接影响到张幼仪从事的各种生意，当时的钱币贬值厉害，老百姓手上的钱是一天一个价，国民政府为了挽救经济的金圆券计划，更是把经济引向水深火热之中。

买卖没法做了，银行没法开了，却还要强撑着做下去，开下去。

到了 1949 年年初，上海有权有势有钱的人能逃的都逃离了这座城市，有的去了台湾，有的去了海外，还有的去了香港。

到处都是人心惶惶的局面，张家的兄弟姐妹们每个人都开始考虑自己的出路了。他们不知道即将进入上海的共产党是怎么回事，但是，他们更不相信国民党，所以，谁都没有选择跟着国民党逃到台湾，张幼仪的手足们，有的去了美国，有的去了印度，有的去了巴西。张幼仪正好通过朋友寻找到一张去香港的机票，她把能带的细软打进行李中。

1949 年 4 月，张幼仪离开上海。

上海有她的辉煌。在那里，她华丽转身，让自己成为女强人。

上海也有她的泪水。在那里，她目睹自己曾经的爱人和别的女人共筑爱巢，而自己还要强颜装欢。

一切都成为了昨天，她不知道未来的路会是什么样，但她相信自己能继续走好。

楼下搬来个新邻居

香港，这个地方对于张幼仪来说是陌生的。

好在路上还有伴，她是和四妹一家一起离开上海的。

飞机缓缓驶离跑道，飞上天空的一瞬间，张幼仪深情地望了一眼脚下的那片土地，俯瞰上海这座美丽的城市，她真的不想离开，但是，时局动荡，她无奈。

飞机上升加速度有些快，张幼仪产生非常强烈的悬空感，她又想起刚到欧洲那一年，和徐志摩第一次坐飞机的那一幕，一晃快三十年了，物非人非，似水流年带走了多少故事。

四妹告诉她，现在不但地面上不太平，天上也不太平，听说总会有轰炸机出现，若是遇上轰炸机，就麻烦了，说不定他们这架飞机都会成为被轰炸的目标。

提心吊胆飞出很久，轰炸机没遇到，却遇到了气流颠簸，张幼仪在那一瞬间，又一次想到徐志摩，想到他最后一次的飞行生涯，想到他在生命最后一刻会是怎样的情景，会不会像现在的自己一样，在颠簸中感觉到恐惧和无助。

好在有惊无险，飞机安全抵达了香港。

出了机场，先找了家宾馆住下，然后，张幼仪开始找房子。不管是租还是买，都要慢慢来。那段时间，从内陆逃到香港的人很多，想租房买房的人也很多。

很快，张幼仪终于有了自己的家，一座小洋楼。当然，与上海的范园相比，这座小楼显得有些寒酸，不过，漂泊到遥远陌生的地方，能寻到这样的住所已经很不错了。

这些年一直在商场打拼，五十岁的人了，而且也积攒下了丰厚的家业，没必要再辛辛苦苦做事情了。可张幼仪在香港住下不久，经商养成的习惯，让她忍不住又打起了房子的主意。她觉得自己住这样的大房子是个浪费，倒不如把楼下租出去，这样还可以赚些房租。

租房告示贴出去，便立即有人来咨询。

有几个寻租的，都嫌她的租金贵。最后，朋友带过来一位姓苏的先生，五十岁上下的样子，看上去儒雅中带着敦厚，他并不讨价还价，只说他要租，租来一家住，他们家也是刚从内陆过来，急需租一套房子。

张幼仪刚到香港的时候，急着找地方落脚，也是这种心情，所以，她特别理解他。

这位姓苏的先生叫苏纪之，是日本东京大学毕业的妇产科医生，他准备在香港开妇科诊所。

一听说苏先生是个医生，张幼仪心中油然生出几分敬重之情，因为她的父亲就是开诊所的著名中医，所以，他对做医生的人有着天生的好感，他们悬壶济世，治病救人，在张幼仪心目中，做医生的都是些品德高尚的人。

选一个人品不错的人做自己的邻居，让张幼仪很踏实。

苏纪之一家搬到了张幼仪楼下，安静的居所顿时热闹起来。

张幼仪发现，这个家貌似没有女主人，只有一个男主人和四个孩子。

这四个孩子，三个男孩，一个女孩，都只有十几岁，阶梯似的，一个挨一个。

苏纪之正在忙开诊所的事，他忙于寻找开诊所的位置，忙于办在香港行医需要的各种证明和执照，经常顾不上家，张幼仪偶尔会到楼下照顾一下那几个孩子。

刚开始的时候，孩子们面对这个看上去样子很严肃的阿姨不由得都有些拘谨。在商界做了好多年，张幼仪的性格是不苟言笑，身上的服饰也总是比一般女子端庄许多，孩子们乍一见到她，难免会有距离感。

那个午间，张幼仪推门走进楼下的邻居苏纪之家。

楼下的光线没有楼上的房间好，乍一从光线明亮的明晃晃的室外阳光下走进屋里，张幼仪的眼睛一时适应不了室内较暗的光线。她进门前，屋里一群闹闹嚷嚷的孩子，此时却变得安安静静，她适应了室内的光线放眼看去，四个孩子聚在房子的一角，正玩什么游戏。

到了午饭时间了，还没人给孩子们做饭，他们放学回了家，正凑在一起嬉闹。那个严肃的房东阿姨突然推门进来了，孩子们用惊诧的目光看着她，他们不知道这个阿姨来做什么，是收房租吗？

稍大一些的孩子说："阿姨，我父亲不在家，等他回来我们告诉他去交房租。"

张幼仪摇摇头："我不是来收房租的。"

孩子们不知道这个房东不收房租来这儿做什么，所以都静静地看着她。

张幼仪问："你们的妈妈呢？"

孩子们依然沉默着，很明显，这座房子里没有任何女主人的气息。一提到他们的妈妈，孩子们的脸上有一丝哀伤。张幼仪暗想，也许孩子们的母亲过世了，也许，她不该提这个伤心的话题，让孩子们心里不舒服，她正在自责，四个孩子中唯一的女孩轻声说："妈妈和爸爸离婚了，不要我们啦。"

张幼仪的心中咯噔一下，看来这是一个离异的家庭，爸爸妈妈离婚了，妈妈离开了这个家，把丈夫和一群孩子丢在了家中。也许因为自己曾经离过婚，独自带着孩子生活过，知道一个人带孩子的不易，所以，她突然觉得自己和这家人有了同病相怜的亲近感。她看着灶上冰冷的灶具，看来，孩子们的午饭还没有着落，她决定要帮孩子们做一顿午饭。

张幼仪走到灶前去摆弄那些灶具，她问孩子们："你们想吃什么?"

"你要帮我们做午饭吗?"最小的孩子瞪着黑黑的眼睛好奇地问。

"可以吗?"张幼仪问他们。

孩子们欢快地笑起来，自从妈妈离开后，他们已经很久没吃过像样的饭了，这个阿姨自告奋勇要为他们做一顿饭，他们当然乐意，否则，这顿饭还不一定能吃上，父亲到现在还没有回来。

孩子们吃饭的时候，苏纪之匆匆赶回来了，在香港开诊所要寻找合适的位置，要考营业执照，各种手续太繁杂了，他一样也没有搞定。一边忙碌着开诊所的事，还要一边牵挂着家里这群孩子。还没进家门，就闻到从自家传出来的饭菜香味，他以为自己鼻子出了问题，闻错了。推门进屋，却见孩子们正安安静静捧着自己的饭碗吃饭，楼上的女房东也在，显然，这顿饭是她帮着做的。

苏纪之一进门，孩子们便告诉他："房东阿姨帮我们做的饭可好吃了。"

张幼仪站在那里用母性的温柔目光正看着吃得香甜的孩子们，苏纪之感激地对她点点头："谢谢你。"

"别客气，都是邻居，帮你做些什么应该的。"张幼仪浅笑着说。

"听说张女士过去在上海是做大生意的人，没想到这样平易近人。"苏纪之除了上次租房子的时候和张幼仪交谈了几句，这是第二次和她说这么多话，平时他们即使见面，也只是微笑着点一下头。

张幼仪谦逊地说："不过就是做些买卖而已，我没有别的一技之长，不像你，懂医术。"

"懂点医术想在这里开个诊所也不容易，跑来跑去地找合适的房子，还要考营业执照。"苏纪之叹息着。

张幼仪不解："这不是很难的事啊，你是学医的，过去就开过诊所，知道在什么位置更合适，考营业执照对你来说也不算难事啊。"

苏纪之苦笑着摇摇头，他对于搞业务还在行，像寻找房子那些对外打交道的事，却很怵头。

不知是因为同情苏纪之，还是因为他们都有着离婚的共同人生经历，张幼仪居然主动对他说："若不，寻找房子的事，我去帮你找找试试，考营业执照我也可以帮你一起研读。"

苏纪之以为自己听错了，很快他就明白过来，张幼仪是想帮帮自己。他从朋友那里听说，这个女人非常能干，和她的前夫著名诗人徐志摩离婚后，一个人带着孩子在德国留学，回到国内后，又单独打拼，成为一个成功的女商人。她有搞商业经营的经验，也许，帮自己做些事情对她来说确实不算难事。苏纪之错愕的表情变为惊喜，他忍不住认真打量着张幼仪，这个女子个子不高，因为稍稍发福体型有些丰满，她端庄的脸上带着盈盈笑意，那笑容真诚友好。

"谢谢你。"苏纪之又一次说了谢谢。

张幼仪轻轻摇摇头："你又说谢，呵呵。"

"当然要谢谢你。"苏纪之感激地说。

自从妻子和他离婚之后，他带着四个十几岁的孩子，整天焦头烂额的，没有人能帮帮自己。突然有个女人想帮自己一把，他心里顿时感到无限温暖。苏纪之是个不善言辞的人，他不会说更多感激的话，只是把这份感谢放在了心里。

张幼仪说到做到，而且做事雷厉风行，很快就帮苏纪之寻找到了合适的开诊所的位置。在香港开诊所，必须先考取营业执照，苏纪之每天抽空便研读厚厚的医学书籍，张幼仪抽空就过来陪他，有时候他一熬一个通宵，张幼仪会为他做些可口的夜宵，默默在一边陪着他。

营业执照考下来，诊所开起来，两个人已经成为无话不谈的好朋友。

张幼仪除了经常帮着苏纪之照顾一下家，照顾一下孩子，偶尔还会到他的妇产科诊所去看一看。

在诊所的苏纪之穿着白大褂，一个仁慈而庄重的医生形象，和在家中那个忙忙跌跌的男主人的形象完全不一样，这才应当是真正的苏纪之。

苏纪之渐渐喜欢上了这个楼上的女房东，自己很依赖她，很信任她，遇到一些事情总想和她说说，让她帮着出出主意，她的主意总是对他很有帮助。

他发现自己已经有些离不开这个女人了，他想，他大概是爱上她了。

但是，想想自己还带着四个孩子，他便自嘲地把自己的想法否定了，他怎么配得上她呢？她那么优秀，前夫是那么有名的著名才俊，这些年她之所以没有谈婚论嫁，一定是心里还没有放下她的前夫，一定是想找一个和她前夫相当的男子。

自己不过就是个医道还说得过去的大夫，她会看得上自己吗？

经过了无数次的纠结，有一天，苏纪之终于鼓起勇气，他结结巴巴向张幼仪求婚，问她："我们是不是可以在一起生活。"

他的求婚，张幼仪毫无准备，她的脸腾地红了，不知道该怎样答复他。她没有像当年在德国的时候罗家伦向她求婚那样，立即婉拒，这一次她没有拒绝苏纪之的求婚，但是也没有答应，她要好好想想，而且这件事情她自己做不了主，还要问问那些帮她做主的人。

首先，她要考虑一下，苏纪之是不是自己爱的男人。

第一次婚姻，她根本就不了解对方，稀里糊涂就做了妻子，如果再嫁，至少要了解这个男人，爱这个男人。她发现，通过这么长时间的接触，她已经喜欢上苏纪之了，他业务水平高，医术高明，性格善良质朴，懂得体贴照顾人，还有，他儒雅端庄，人长得也比较帅。这种喜欢算不算爱情，她不知道，只知道和他在一起自己就很开心，很充实，而且，她也高兴为他做些事情，愿意帮他成功。或许，这也是一种爱的形式？自己已经五十挂零了，从当年在德国离婚到现在已经快三十年了，徐志摩离开这个世界也已经二十多年了，如今儿子也不在身边，自己每天都在孤独寂寞中度过，如果有个家会多一些温暖。

她决定给哥哥们写封信，她的婚姻一直是他们替她做主，虽然她已经是知天命之年了，还要征求他们的意见。

终于找到了另一半

张幼仪把给哥哥的信发出去。

信发出之后，她的心中是忐忑的，而且长这么大还从来没有这样忐忑过。她忐忑的是，如果这桩婚事行不通，对于她和苏纪之来说，恐怕都会很糟糕。毕竟他们都有过一次失败的婚姻，她的前夫不但离了婚而且已经亡故，苏纪之的前妻已经改嫁别人了，他们能勇敢地走出一步，找到属于自己的另一半，对双方来说其实都不容易的。而且他们都是很传统的人，如果这次婚姻不能成，也许就不会再走进婚姻了。

她感觉经历了很漫长的等待。四哥从澳洲回信了，信中没有明确地告诉她行还是不行，而是说：让我考虑考虑。

二哥也有回音了，他不是用书信的形式，而是用电报给他发来指示。第一次接到的电报上说：好。张幼仪高兴了还没有一天，紧接着第二封电报又来了，这封电报与上一封完全相反，变成了：不好。就这样翻来覆去地好几次，张幼仪也不知道二哥究竟是同意还是不同意，一会儿好一会儿不好的，看来他心里也没个准谱。二哥比四哥更传统，前些年，第二任二嫂王世瑛因难产死去之后，二哥始终没有再娶，他这样一个坚守传统的人，让他为自己作决定，他十有八九不会同意。

后来，二哥终于从三五个字的电报，变成一封长信，信中说：

> 兄不才，三十多年来，对妹孀居守节，课子青灯，未克稍竭绵薄。今老矣，幸未先填沟壑，此名教事，兄安敢妄赞一词？妹慧人，希自决。

对于哥哥们这种模棱两可的态度，张幼仪非常理解，她知道：

> 我哥哥太爱我了，他们不希望看到我受伤害。而且，

中国人有种想法，认为一个孀居的女人就不应该再婚，因为这会让娘家失面子。可是徐志摩早在他遇难前我就离婚了，所以我觉得假如我再婚的话，并不会让家人蒙羞。

哥哥们替自己做不了主，那就去问儿子。
张幼仪立即又给儿子去封信，征求他的意见：

> 尔在美国，我在香港，相隔万里，晨昏谁奉，母拟出嫁，儿意云何。

她觉得，自己是个寡妇，理应听儿子的话，中国传统的三从四德要求女人，未嫁从父，既嫁从夫，夫死从子，这辈子她一贯遵守这些，现在也不能破了这个规矩。

信发出去没多久，阿欢很快就回信了。
阿欢的回信让张幼仪很欣慰，阿欢在信中说：

> 母孀居守节，逾三十年，生我抚我，鞠我育我，劬劳之恩，昊天罔极。今幸粗有树立，且能自瞻。诸孙长成，全出母训……去日苦多，来日苦少，综母生平，殊少欢愉，母职已尽，母心宜慰，谁慰母氏？谁伴母氏？母如得人，儿请父事。

阿欢对于爱情婚姻的理解，和他的父亲不一样，和母亲也不一样。父母的离婚经历让他早早成熟起来，离开中国去美国，西方的婚恋观念，也让他与他的父辈有所不同，他理解父亲，同情母亲。如今，母亲好不容易寻找到一个意中人，他当然会支持她开始新的生活。他不但觉得母亲的命太苦，也觉得父亲的命太苦，他觉得，父亲虽然大胆追求自由婚姻爱情，但是，个人感情生活历经磨难，最终酿成惨剧，"父亲如果不死，活到八九十岁，相信还会有女人要他的"，"很多女人倾慕父亲的文采"。

父亲曾经给他的童年生活带来难言的伤痛，他都能这样理解他。对于母亲，她拟出嫁，他觉得那就嫁吧，只要她高兴就是了。

1953 年，张幼仪再一次把自己嫁了出去。

那年，她五十三岁，青春已经不再了，第二次做新娘，距离第一次已经过去了将近四十年。经历了无数人生风雨，这次结婚没有了少女时代初婚时的激动，她很淡定地亲自为自己操办婚礼，选择举行婚礼的地方时，她没有选择回内陆，也没有选择在香港，而是去了苏纪之曾经留学的日本东京，他们在东京举行了一场简朴的婚礼。

与苏纪之结婚后，张幼仪又一次展示了她的经营才能。她帮着苏纪之扩大诊所营业范围，由一个小小的诊所，发展成两家比较有规模的大诊所，一家在香港北角，一家在九龙。

诊所里的医疗业务她不懂，但是，经营管理，人员管理她都懂，于是，只要她闲来无事，便要去两个诊所走走，替他登记看诊和预约的时间，帮他接听急诊电话。她虽然不事张扬，却目光如炬，一下子就能发现诊所中这样那样的问题，而且，立即督促改进。两个诊所的员工不怕开诊所的苏医生，倒是怕来诊所指导工作的苏太太，她看似柔静平和的目光中透着犀利，背后大家都偷偷议论这个苏太太又精明又严厉，不愧是做过老板的。

如果没有张幼仪严格的管理，也许，苏纪之的诊所开不了那么红火。其实，苏纪之对张幼仪也是又爱又敬又畏。

她总能把一切做得滴水不漏，总能把一切管理得井井有条。

她管理苏纪之的诊所，是先从管理苏纪之开始的。

刚刚结婚的时候，她和苏纪之都处于生活的磨合期，过去，彼此都已经有自己形成模式的生活习惯，要改变对方是很难的。苏纪之是个好男人，没有什么不良习惯，只是每天晚餐的时候喜欢喝两杯，但是，酒量不大，两杯啤酒或者葡萄酒下肚，就有了酒意。

每到晚餐时分，一见到苏纪之开始预备酒杯，三个孩子便匆匆吃完，吃完立即离开饭桌躲得远远的。起初，张幼仪以为孩子们在有意躲着自己，后妈不好当，哪个孩子会喜欢父亲讨回来的后妈呢？

她正在反思自己哪儿做得不好，孩子们就告诉她，这不是因为她的缘故，他们早早逃离饭桌，是因为醉酒的父亲。父亲喝点儿酒就闹事，或许是由于妈妈离开他们后心里不痛快，反正只要喝了酒，就和孩子们争吵，他们必须赶在他发脾气之前逃离，这样，他就找不到发脾气的对象了。

　　既然不是因为自己的缘故，张幼仪心中多少踏实了些。不过，苏纪之喝酒之后便无故发脾气是个急需解决的问题，她趁着下一个晚餐没到来之前，便和苏纪之探讨关于他喝酒的问题。

　　苏纪之从来没有意识到，自己喝酒，会给孩子们造成这样的伤害，他内疚地说："真的是这样？"

　　张幼仪看着他的眼睛，声音柔柔的却带着无形的分量："你别喝酒了行不行？这样孩子就会留在饭桌旁了。"言外之意，我这个后妈也不好当，你给我点儿面子好不好？

　　苏纪之真够配合的，他答应了，便真的做到了。从那天晚上开始，他就把酒戒了，而且戒得彻底，从此滴酒不沾。

　　一个说到做到的男人是有责任心的好男人，一个把女人话当圣旨的丈夫，是尊重妻子的好男人，张幼仪这个丈夫找对了。

　　苏纪之曾经陪伴张幼仪去过一次英国。

　　离开欧洲几十年了，张幼仪想故地重游，在有生之年再回那里看看。苏纪之也只在日本留学生活工作过，从来没有到过欧洲，正好借此机会，到欧洲旅游。于是，1967年，他们踏上欧洲之旅。

　　再回康桥，再回到张幼仪和徐志摩当年居住的沙士顿小镇。往事如烟，那时节，是她生命中最落寞的时段，她过着家庭主妇的贫寒生活，还要忍受丈夫的冷落。几十年后，回首往事，恍若在读别人的故事。

夕阳下，她和苏纪之坐在康桥河畔，河水在他们身边缓缓流淌，她没有和徐志摩一起这样悠闲浪漫地欣赏过康桥美景，那时候的徐志摩，一边忙于学业，一边忙着爱着林徽因，他是没有情绪把他眼里的一个"乡下土包子"带出来游玩的。张幼仪自己也没有游览的心境。她奇怪，当年如此年轻的自己，为什么错过了那么多好时光，错过了那么多美丽景色。

从康桥出发，坐着公共汽车来到沙士顿。

当年租住的那间小屋还在，只是更加破旧了。他们站在远处，默默凝望着，张幼仪仿佛又看到了年轻时候的自己。一个挺着大肚子缓缓穿梭在房间中忙碌着家务的家庭主妇，一个文化水平不高，逆来顺受的传统的年轻中国女子，她处处看丈夫的脸色和眼色，最终却在某一天被丈夫彻底遗弃在这间小屋中。

人生如梦，梦醒时分，物是人非。那个曾经的男主人永远回不来了，女主人却以另外一个身份和另外一个男子又站在了这个地方。

离开英国，张幼仪和苏纪之又去了德国，那里是她经历了无限苦痛之后，华丽转身的地方，那里也是她另外一个伤心之地，人生的最沉重的怆痛她都在那里遇上了，她在那里结束了自己的第一桩婚姻，她可爱的小儿子彼得就死在那里。重返柏林，那座城市经过了二战的洗礼，一切都变得面目全非。刚建成不久的柏林墙，把她要寻觅的旧址藏在了墙的那一边；她要去布兰登堡大门，要去菩提树下大街，却根本没办法走过去，那些建筑都在墙的另一面。她只能默默站在这边，透过一些建筑物的缝隙，窥视着自己和儿子彼得、保姆朵拉住过的那个地方。

她只能以这种无奈的方式怀旧。

在欧洲游走，总也抹不去徐志摩的印记，那里毕竟有他们共同走过的痕迹，不管是快乐还是痛苦，毕竟她和他一起经历过。在欧洲的那些日子里，她的脑子里徐志摩的影子总是挥之不去。

从欧洲回到香港的家，张幼仪觉得，自己有必要为徐志摩做些什么，让儿孙辈们了解当年那个著名才子徐志摩。

在美国的儿子阿欢也有此意，于是，张幼仪决定亲自出面来做这件事。要做这件事情，只能到台湾去找与徐志摩熟悉的人帮着她一起做。

张幼仪打听到徐志摩的好朋友胡适已经于 1962 年在台北病逝，不过，徐志摩的另外一位好朋友梁实秋和他的表弟蒋复璁都在台北，梁实秋曾担任台湾师范学院英语系主任兼文学院长，不久前已经退休了，蒋复璁是图书馆馆长、博物院院长，他们正好有时间有条件为徐志摩编一套全集。张幼仪到台湾和两位故人见了一面，把自己的想法告诉他们，资金由张幼仪来出，让他们协助她搜寻整理徐志摩遗散在各处的文稿。回到香港，张幼仪从自己的旧物中翻出一些徐志摩的信件，正好阿欢从美国到香港探望母亲，他拿着这些信件去了趟台湾，亲手交给梁实秋。

梁实秋对张幼仪的印象一直很好，他曾在《谈徐志摩》那本书中，对张幼仪评价说："她沉默地坚强地过她的岁月，她尽了她的责任，对丈夫的责任，对夫家的责任，对儿子的责任——凡是尽了责任的人，都值得令人尊重。"张幼仪母子交给他这个重任，他尽心尽力去做了，为了这对母子的信任，也为了好朋友徐志摩，他加班加点夜以继日地做这件事。

经过一年多的努力，1969 年，台湾版《徐志摩全集》出版，这是最早的一套《徐志摩全集》，这部著作为研究徐志摩的学者提供了许多一手资料。

为徐志摩出文集的事情尘埃落定，张幼仪完成了人生一件大事，正想喘口气，苏纪之又被查出患了肠癌。

苏纪之的病情在 1972 年夏天越来越严重，张幼仪劝他去住院，但是，身为医生的苏纪之却拒绝住院，他不住院的理由是医院的护士医生总也找不到他的静脉，抽血输液都困难，他宁愿住在家里让自己诊所医术好的医生护士来给自己输液。他躺在家里的病床上，由于疼痛再加上天气炎热，浑身总是被汗水弄得湿漉漉的，替他诊治的医生朋友悄悄告诉张幼仪，他时日不多了，最多也就半年时间。

张幼仪的心中又一次变得凄风苦雨，她原以为他可以陪伴自己走到人生尽头，他却要先走一步了，命运为什么总是这样残忍。

她关掉了所有诊所，守在苏纪之身边，在他生命的最后岁月，她悉心陪伴，把她的第二任丈夫苏纪之送走。

他们共同生活了二十年，那个夏末，她又变成了孤家寡人。

人淡如菊的最后岁月

安葬完苏纪之，张幼仪回到他们共同的家，家里冷冷清清，她坐在窗前，木然地看着夏花正艳的窗外景色，心情抑郁成一片寒秋。

丈夫死了，两个诊所都停业了，她还要打起精神去做善后扫尾工作，给因停业而失业的医生护士每个人发一个月工资。

按照苏纪之临终前的打算，本想给他们每个人发三个月工资，张幼仪测算了一下最近的经营情况，认为，多开一个月工资就说得过去了。自从苏纪之得病后，她也没有心情再去打理诊所，诊所的业务疏于管理，后来只是处于维持状态。她知道那些员工背后会有怨言，但是按照经营形势，只能做到这样，她搞了这么多年经营管理，已经形成严格的职业习惯。

处理香港的一切事务，用去了张幼仪一年多的时间。眨眼间便到了 1974 年，她已经七十四岁了。过去，四妹一家也住在香港，彼此之间还有个照应，但是，在张幼仪再婚后不久，四妹一家移民到了美国纽约。

张幼仪决定离开这个她生活了二十多年的地方，也搬到美国去住，毕竟，那里有她的儿子，有她的兄弟姐妹们。人老了，便思亲，她发现自己真的是老了，越来越想念美国的亲人们，越来越喜欢怀旧恋旧。

她搬到了美国纽约，居住在曼哈顿北部东区的一所公寓内，那个地方离住在皇后区的儿子家不远，离四妹的家和八弟的家也不很远。

张幼仪喜欢一个人独来独往，只要知道亲人在不远处就行了，没必要都住在一起，这样彼此都有自由的空间。她会选择一个晴好的周末，到居住在中央公园附近公寓的四妹家去坐坐。四妹从小就喜欢臭美，现在已经是成功的服装设计师了，如果她的云裳时装公司能开到现在，就不用再外请服装设计师，四妹便可以独当一面。有时候八弟和他的子孙们也会到四妹家聚齐，八弟的孙女张邦梅是个很有想法的女孩子，她对这个看上去显得很神秘的姑婆充满好奇心。后来，她在哈佛大学就读，当她知道这个姑婆便是中国著名现代诗人徐志摩的前妻时，她就把自己的毕业论文定为采写自己的这位姑婆，最后，张邦梅写成了传记文学《小脚与西服：张幼仪与徐志摩的家变》。

张幼仪看上去绝对是一个身材胖胖的老妇人了，但是，她依然仪态端庄，思维敏捷，精明干练。她和从香港移民到美国的许多名流和豪商大贾有来往，还会经常参加一些社会活动。她的衣着风格越来越趋于质朴舒适实用，她留着一头利落的短发，喜欢穿深色裤装，年轻的时候，她喜欢穿黑色旗袍，喜欢穿由传统旗袍改良的宽松裙装，到了老年，她连这种宽松裙装都很少穿了，完全是中性装扮，所以，张家人都管她叫"亲伯伯"，这略带调侃的昵称，准确地概括出张幼仪身上的男人气。

在中国数千年来传统男尊女卑观念的浸染下，中国传统文化造就的女人，年轻的时候基本上都是性格温顺逆来顺受的柔弱羔羊，一旦她们成长，一旦她们有朝一日翻身得解放，便会迅速向两极分化，一类成为温婉娇柔浑身散发母性光辉的柔情女子，另一类则成为性格刚毅不屈不挠的中性人。张幼仪变成了后者，她从大门不出二门不迈的扭捏小媳妇，变成理性十足的女强人。

女强人便有她们独特的生活规律，她们不喜欢被别人打扰，喜欢独来独往自由自在，由自己安排每天的作息时间，安排自己的日常生活。张幼仪独自住在公寓内，过着简单而有规律的生活。

七点，太阳升起的时候，张幼仪便起床了。

然后，雷打不动地做一会儿有氧体操，便进入早餐时间。

张幼仪的早餐很简单：一碗麦片粥，或者一个煮鸡蛋。但是，煮鸡蛋的火候须掌握得很好，不能煮老了，也不能太嫩，煮两分半钟。她注重营养和保健，每天都要服用维生素，除此之外，还要服用一汤匙加在橘子汁中的啤酒酵母。

早餐之后，浏览一下当天的报纸，便外出活动一下，在室外随便走走，或者到四妹的住处坐坐，指导已经定居美国多年，忘记了怎样做中国传统美食的家人们烧中国菜、包粽子、包饺子。端午节包粽子的食谱和制作材料都由她负责带过去，由她监督准备肉馅、糯米，手把手教年轻的女家眷怎样把糯米放进竹叶，包成精致的粽子。过年包饺子也由她示范监督，许多已经失传的家乡美食，在张幼仪的传授下，在这个家庭又起死回生。

自从张幼仪搬到纽约，张家的厨房里时不时会飘出中国菜的诱人香气。

偶尔，她也会到附近的老年课堂，学点德文、钩针编织之类的课程，只是为了消磨时光。

她从年轻时候起，每周都要打上两圈麻将。到了纽约，这个习惯依然坚持着，她社交能力很强，很快融入当地的华人圈，并和圈里的朋友每星期打三两次麻将。她参与的牌局是娱乐性的，输赢都不大，一年下来，她的输赢也只有二百美元左右。

她懂生活，也会调剂生活，与那些把日子过得一塌糊涂的女强人相比，张幼仪是完美的一个女人。

时光渐渐老去，张幼仪也渐渐老去，她每天有大把的时间可以安安静静回忆过去，在记忆中找寻那些故去的人和事。

人生真的如梦啊，一切的爱和恨都随风飘去了，她到最后也说不清究竟是爱还是不爱徐志摩。和他有着各种感情纠葛的那些女人都已经故去了，美丽优雅的林徽因、风情万种的陆小曼早在二三十年前就已经作古，只有张幼仪还在这个世界上顽强地活着。

她已经八十八岁了，患上了严重的气管炎，无力再出去参加任何活动，每天宅在家里，孙女安琪拉搬到她身边，照顾她的起居。

她喜欢坐在柚木桌前，可以很长很长时间一动不动地在沉默中安坐。她知道自己的时日不多了，趁着自己还活着，她要把自己一生的故事，把她和徐志摩的那些故事讲给晚辈们听，让他们记下来。这样，她就了无遗憾了。

1988 年元月，张幼仪在她居住的纽约曼哈顿公寓安然谢世。她累了，走完了八十八年的人生历程，她想好好歇歇了。

她走得了无牵挂。那一夜，睡着睡着，她就从梦乡中穿过幽暗的岁月走到了路的尽头。她不想再回到明天的早晨了，不想再看到那冉冉升起的日头了，她的同龄人大都去了另一个世界，她也要到那边与他们会合。不知道再见到徐志摩，再见到那些与他有着各种感情纠葛的女人们，那些早已了断的恩恩怨怨会不会又被重新提起。

有些人她不想再遇见了，有些事她不想再经历了。都说坏婚姻是一所好学校，她不想再到那所学校进修了，如果有下辈子，她会是另外一个样子的张幼仪。

她的丧礼在九十一街和公园路交叉口的红砖教堂举行，那一日，那座教堂挤满了前去吊唁的人，有张幼仪的亲友，也有她生前根本不认识的一些人，他们是怀着对她的敬仰和尊重而来的。她没有林徽因和陆小曼的美貌和才气，在许多人眼里，张幼仪的名字是陌生的，他们不会把她和徐志摩联系到一起。她是以自己的人格魅力征服了认识她的所有人，她从来没有依靠徐志摩的名气活着，许多人都不知道她是徐志摩的前妻。

死后，安静地躺在纽约市郊的公墓里，她的墓碑上只有"苏张幼仪"四个字，更是与徐志摩撇清了关系。

她这辈子爱不爱徐志摩都已经不重要了，究竟爱不爱，她终究没有正面回答过任何人。

只有她自己最清楚，这辈子，她爱过的男人只有他，即使被他伤得体无完肤，也无怨无悔对他依然如故。

在徐志摩那一场又一场早已谢幕的爱情传奇大戏中，人们渐渐发现，这个貌似配角的张幼仪，才是故事的真正的女一号，那些倾国倾城的美丽女子，都不过是某一幕出场的一个角色，把这场大戏从始至终演下来的，只有她一个女主角。